모택동 바둑전략

스콧 부어만 지음

김경수, 김경식 옮김

모택동 바둑전략

초판인쇄일 | 2007년 8월 17일
초판발행일 | 2007년 8월 30일

지은이 | 스콧트 부어만
옮긴이 | 김경수, 김경식
펴낸이 | 金永馥
펴낸곳 | 도서출판 황금알

주간 | 김영탁
실장 | 조경숙
편집 | 칼라박스
표지디자인 | 칼라박스
주소 | 100-272 서울시 중구 필동2가 124-11 2F
전화 | 02)2275-9171
팩스 | 02)2275-9172
이메일 | tibet21@hanmail.net
홈페이지 | http://goldegg21.com
출판등록 | 2003년 03월 26일(제10-2610호)

©2007 Gold Egg Pulishing Company Printed in Korea

값 12,000원

ISBN 978-89-91601-43-7-93340

모택동

바둑전략

스콧트 부어만 지음
김경수, 김경식 옮김

황금알

　1949년에 「중화인민공화국」이라는 이름으로 건국된 중국은 1980년 대까지 국제사회에 대한 특별한 영향력을 행사하지 못하는 나라였다. 당시 덩샤오핑(鄧小平)은 칼집에 칼날의 빛을 감추고 어둠속에서 은밀히 힘을 기른다는 도광양회(韜光養晦)를 대외정책으로 삼고 중국 스스로의 역량을 키우면서 그 힘을 발휘할 적절한 때를 기다리고 있었다.

　이렇게 조용히 국제무대의 한 구석에 웅크려 지내던 중국이 냉전종식 후 서서히 변화하기 시작한다. 이전에 침묵을 지키면서 강대국들의 행보에 예의주시하는 대외정책에서 적극적인 행위자로의 변화를 하기 시작한 것이다.

　2002년 11월 후진타오(胡錦濤)를 중심으로 한 제4세대 지도부가 들어서면서 화평굴기(和平堀起), 유소작위(有所作爲), 부국강병(富國强兵) 등의 대외전략을 대외에 천명한다. '굴기'는 산이 우뚝 솟은 모양을 가리키는 말이다. 평화롭게 일어선다는 의미의 화평굴기는 이웃나라를 비롯해 세계 각국과 평화적인 발전을 도모하겠다는 선언이다. 이는 미국의 패권에 대항하면서도 평화를 지향한다는 다소 유연한 외교전략이라고 할 수 있다.

　2004년부터는 화평굴기 대신 적극적인 관여와 개입을 뜻하는 새로운 외교 전략을 펼치기 시작하였는데, 바로 유소작위 전략이다. 유소작위는 국제관계에서 관여와 개입을 통해 중국의 역할을 강조하고, 국익을 확대하고자 하는 적극적이고 공세적인 대외정책이다. 이는 부국강병 정책의 전 단계에 해당하는 것으로 미국·북한 사이의 핵 문제 해결에 적극 뛰어들어 6자회담을 성사시킨 것이 유소작위 정책의 대표적인 예라고 할 수 있다.

2004년 후반에 들어 중국의 후진타오는 국방건설과 경제건설은 상호 촉진의 관계이므로 동시에 추진해야 한다는 발언을 함으로 이른바 '국방'과 '경제'의 동시 추진을 선언했다. 이는 중국 지도부가 부국강병 전략을 공개적으로 천명한 것이었다. 이러한 부국강병 전략은 외부의 위협을 방어하는 수세적인 전략이 아니라 '국가의 이익을 보호하고, 통일을 촉진하기 위해서는 무력을 사용할 수 있다'는 공세적인 전략이다. 경제력뿐 아니라 국방력에서도 국제적 위력을 행사한다는 것과 국제사회의 변방에 자리 잡고 있던 중국이 이제는 중앙으로의 진출을 꾀하고 있다는 의미로 해석될 수 있다.

정책이란 것은 한 국가가 위치해 있는 지정학적 특성뿐 아니라 역사적 경험 그리고 철학적 사고에 기반하고 있다. 중국도 그들 자신의 사상과 현실적 판단에 따라 국가정책을 수립하고 추진해 나가고 있다. 그렇다면 중국전략의 근본개념은 어디에서 온 것일까?

이 물음에 대하여 스콧트 부어만(Scott A. Boorman)은 한 가지 답을 제시하고 있다. 그는 이 책에서 중일전쟁과 국공내전에서 중국 공산당 전략의 근본이념을 설명하고 있다. 이 책이 출간되었을 당시(1972

년) 중국은 국제무대에서 그리 크게 주목받는 행위자가 아니었지만, 그는 중국 공산당이 항일투쟁과 공산당 혁명을 성공시켜 나가는 상황을 설명하면서 잠재적 강대국으로서의 중국의 행보를 조심스럽게 점쳐보고 있다.

저자는 중국공산혁명 당시 모택동 전략의 근본이념을 바둑의 원리에서 찾고 있다. 그는 서양의 사고방식(또는 잣대)으로 동양의 역사적 사실을 해석하는 것은 어불성설일 수 있다고 전제하면서 바둑의 원칙 중 귀와 변에서 시작하여 중앙으로 전개되는 포석과정(서양의 전략과는 반대되는 개념)에 관심을 집중하고 있다. 즉, 도시나 주요경제시설(중앙)이 아닌 농촌지역이나 주변부 지역(귀와 변)을 먼저 장악함으로 전체 중국(바둑판)을 석권해 나가는 것이 모택동 전략의 특징이라고 주장하고 있는 것이다. 중국이라는 작은 바둑판에서의 전략특성을 살펴봄으로서 향후 세계무대라는 큰 바둑판에서의 중국의 대외정책을 유추할 수 있다는 것이 저자의 주장이다.

육군사관학교 시절 학교 도서관 한 모퉁이에 꽂혀 있던 책을 우연히 발견한 후, 룸메이트였던 두 명의 생도가 언젠가 우리글로 번역해보자고 다짐했던 날로부터 어언 15년이 지났다. 약속은 빚이라고 했던가. 생도 시절부터 마음속 한구석에 남아있던 일을 완성한 것 같아 기쁜 마음을 누를 수 없다. 이 책이 나오기 까지 여러모로 도움주신 〈황금알〉 출판사 김영탁 사장님, 늘 좋은 친구인 아내 정숙, 아들 요셉, 요한에게 감사의 마음을 전하며 무엇보다도 처음부터 마지막까지 같이 해주신 하나님께 영광을 돌립니다. Soli Deo Gloria!

파키스탄에서 김 경 수

이 책의 원제는 미국 하버드대학 비교사회학과 학생이었던 Scott A Boorman이 1969년에 저술한 『The Protracted Game』이다. 이 책은 당시 프랑스어와 이탈리아어로 번역되어 출간되었으며 이 책의 성공에 힘입었는지 여부는 알 수 없지만 저자인 Boorman은 1976년 26세의 나이로 예일대 사회학부의 정교수가 되어 현재까지 예일대에서 교수로 재직 중이다.

부어만은 이 책의 서문에서 서양의 학자들이 모택동의 전략을 분석하면서 겪는 어려움을 언급한 후 "동양의 전사나 전략은 동양인의 관점에서 바라볼 때 제대로 분석되어질 수 있다"라고 주장하였다. 아직도 서구의 사상과 문물을 숭상하고 한국적인 것을 소홀히하여 사회전반에서 시행착오를 겪고 있는 우리의 현실과 비교할 때 이미 30년 전에 동양적 관점에서 동양의 사건을 해석하고자 한 부어만의 접근방법은 참으로 유연하고 창의적인 것이라고 생각된다.

저자는 변변한 근거지조차 없어 중국전역을 떠돌아 다녀야 했던 모택동의 홍군(紅軍)이 어떻게 중국의 주요 지역을 장악하고 당시 미국의 지원 하에 막강한 군사력을 보유하고 있었던 장개석의 국민당 軍을 격파하고 중국을 석권할 수 있었는가 하는 점에 의문을 가졌다. 중국의 주요도시, 철도, 곡창지대를 모두 석권한 국민당이 농촌과 변두리에서 근근이 세력을 키워온 공산당에게 패한 사실은 "핵심지역을 장악하는 것이 승리의 관건"이라고 생각하는 서양의 관점으로는 이해가 안 되는 것이었다.

　서양의 전략이론은 핵심지역을 선정하고 전투력을 집중하여 그 목표를 획득할 때 승리하는 것으로 본다. 그리고 장개석은 그러한 목표를 모두 달성했다. 반면에 모택동은 주요한 근거지(강서성)를 적에게 빼앗기고 가지고 있던 전투력마저 대장정을 통해 거의 다 잃어버리고 말았던 패배자였다. 그런데 최후의 승리는 모택동에게 돌아갔으니 그 이유를 어떤 이론으로 해석해야 합당한지 알 수 없었던 것이다.

　부어만은 이렇게 서양의 학자가 겪는 어려움을 "바둑"이라는 모델을 제시하여 해소하고자 시도하였다. 바둑을 아는 사람에게는 상식적인 내용이지만 바둑에서는 귀와 변을 먼저 장악하는 것이 중요하다. 초반부터 중앙(어복 : 魚腹)을 지향하다가는 집하나 제대로 못 내고 완패당하기 십상이기 때문이다. 귀에서 집을 만드는 것은 중앙에서 집을 짓는 것보다 2배 이상 수월하며 또 귀가 확보되어야 중앙으로 뻗어나갈 발판이 생기는 것이다. 바둑에서 "3귀에 통(通) 어복(魚腹)이면 백전백승"이라는 격언은 3귀를 확보하고 각 귀가 중앙을 통과하여 이어지면 절대로 지지 않는 다는 뜻으로 이러한 바둑의 특징을 잘 설명해 주고 있다.

중국 혁명을 개관할 때 귀와 변은 지역적으로는 중국대륙이나 중국내 각성의 변방에 해당되고 인적계층 면에서 보면 귀와 변은 농민계층에 해당한다. 모택동은 중앙으로 진출하기 전에 그러한 귀와 변을 확보하는 데 주력하였다. 그러한 귀와 변의 확보가 어느 정도 진행되어 가는 과정에서 중국대륙에는 일본제국주의의 침략이라는 변수가 발생한다. 이것은 중국인들에게는 불행이었지만 모택동에게는 행운이 아닐 수 없었다. 일본에 대항하기 위해 국공합작이 이루어지고 그 이후 중국인들의 마음속에는 "공산주의 = 항일세력/독립운동가"라는 개념이 형성되면서 만주와 북중국에 공산당 우호세력을 광범위하게 확대할 수 있었기 때문이다.

일본이 패망한 후 모택동과 장개석은 최후의 승리를 위한 결전을 시작한다. 그러나 항일투쟁을 통하여 많은 경험을 축적하고 바둑전법까지 응용할 수 있게 된 모택동은 그 전처럼 만만한 상대가 아니었다. 바둑전법의 특징인 포위작전을 자유자재로 구사할 수 있었던 공산군은 만주, 화북전역의 승리에 이어 회하 전역에서 100만 명의 국민당군을 섬멸하면서 전 중국을 석권하게 된다.

이 책은 단순히 모택동이 바둑전략을 어떻게 사용했느냐를 규명하는 데 그치지 않고 그의 전략이 가지고 있는 약점 또한 지적하고 있다. 양측이 상당한 수의 집과 돌을 가지고 대국이 종료되는 바둑과 다르게 모택동 전략은 상대방에 대한 완전한 섬멸을 추구한다. 이렇듯 과도하게 "완전한 승리"에 집착하는 모의 전략이 지니는 약점을 디엔비엔푸 전사를 통해 설명하는 부분은 이 책의 백미(白眉)라고 해도 과언이 아닐 것이다.

이 책을 접하는 사람은 누구나 "바둑으로 정치적, 군사적 전략을 설명한다는 것이 가능할까?"하는 의문을 가지게 될 것이다. 그러나 이것은 분명 가능한 일이다. 특히 바둑의 격언은 놀랄 만치 전쟁사나 인생사에 맞아 떨어진 다는 것을 알게 된다. 한국전쟁 동안에 바둑의 격언이 적용된 예를 살펴보자. 바둑의 격언 중 "공격하는 돌에 붙이지 말라"는 말이 있다. 이것은 바둑에서 공격해 들어오는 상대의 돌에 나의 돌을 맞붙이면 상대의 공세를 막기는커녕 돌도 잃고 집도 잃게 된다는 뜻이다. 한국전쟁 발발직후 서울로 쇄도하는 북한군을 저지하기위해 지방에서 하나 둘씩 올라오고 있는 부대들을 의정부, 문산 축선에 축차적으로 투입하여 가뜩이나 부족한 전투력을 별다른 성과 없이 소모해버린 사례가 있었다. 그때 땅을 조금 내어주더라도 지방에서 올라온 부대들을 재편성하여 준비된 방어를 실시했다면 한강철교의 비극은 없었을지도 모른다.

책의 마지막 장에서 부어만은 미래에 (1969년 이후) 중국 공산당이 취할 전략에 대하여 언급하였다. 그는 중국이 바둑전략의 특징인 간접적이고 융통성 있는 전략을 지속적으로 추구하며 국제사회에서 그들이 추구하는 바를 달성해나갈 것이라고 예측하였다. 이런 관점에서 보면 중국이 구소련과 달리 시장경제 체제를 도입하는 등 공산주의에 자본주의 원리를 성공적으로 접목시켜서 부국강병의 일로를 달리고 있는 것도 그들이 가지고 있는 전략적 융통성에 기인한다고 볼 수도 있을 것이다.

바둑에서는 돌 하나를 두더라도 단순히 한 가지 목적만을 고려하지 않는다. 적의 침입을 막기 위해 놓은 돌이 세력을 구축하는 데 일조(一助)를 한다거나, 의미 없이 놓인 것 같은 돌이 상대의 대마를 잡는 결정적인 수가 되기도 한다. 이러한 관점에서 보면 최근 논란이 되고 있는 중국의 동북공정(東北工程)은 여러 가지 목적을 염두에 둔 준비된 포석일 수 있다. 중국 측의 주장대로 변방 소수민족의 이탈을 방지하기 위한 조치가 될 수도 있으며 우리나라 학자들의 지적처럼 한반도로 세력을 확장하기 위한 수순일 수도 있다. 다만 확실한 것은 바둑의 고수는 한 수를 두더라도 헛되이 두는 일이 없다는 점에서 동북공정은 오래전부터 준비되어온 책략의 일부분일 것이다. 바둑에서 상대를 이기기 위해서는 상대보다 더 많은 수를 내다보아야 하고 바둑판을 더 넓게 바라

보아야 한다. 상대가 던지는 수에 끌려 다니는 바둑은 곧 패배를 의미한다. 따라서 중국의 전략에 대응하는 첫 단계는 중국공산당 전략의 근간인 "바둑전략"에 대해 정확히 아는 것이다. 부어만은 중국을 견제하기 위해 바둑전략을 연구해야 하는 필요성에 대하여 다음과 같이 언급하고 있다.

"중국 공산당의 바둑전략은 완전한 승리 달성을 과도히 강조하는 점에서 그 한계성을 드러내고 있다. 모든 전략체계는 그것이 폐쇄적이고 고정되어 있을수록 상대방에게 그러한 융통성의 부족을 이용할 수 있는 더 많은 기회를 주게 되는 것이다. 바둑을 공부하는 것은 그러한 역이용을 가능하게 하는 열쇠인 것이다."

이 책의 초벌 번역을 마친 후 우연히 인터넷 검색을 통해 이 책이 1975년에 김수배씨에 의해 "모택동의 바둑병법"이라는 제목으로 번역된 적이 있음을 알았다. 오히려 다행인 것은 이미 번역을 어느 정도 마쳐놓은 상황인지라 김수배씨의 영향에서 자유로울 수 있었다. 대신 김수배씨의 글을 참고하여 그의 책에서 이해하기 어렵게 번역된 부분을 특히 주의하여 번역함으로써 같은 실수를 하지 않도록 노력하였다.

이 책의 번역에 매달린 2년간은 "번역은 창작에 버금가는 노력이 필요하다"는 것을 알게 해준 기간이었다. 이 기간 동안 고생을 함께한 아내 민경과 아들 용우에게 고마움을 전하며 살아생전 단아한 아름다움과 기품으로 아들 삼형제의 스승이자 쉴 곳이 되어주셨던 어머니와 온갖 인생의 역경속에서도 책임감과 자애로움으로 자신의 가정을 지키시다가 이제는 하늘나라에서 쉬고 계실 존경하는 아버지의 영전에 이 책을 바치고 싶다.

　끝으로 이 책의 출판을 위하여 공력을 아끼지 않았던 도서출판 〈황금알〉의 김영탁 대표님께 감사드리며, 편집진들의 노고에 고마움을 전한다.

정해년 여름이 오는 길목에서　김 경 식

■ 차 례

일본과 서양에 "Go"라는 이름으로 알려져 있는 바둑(Wei-Chi)은 중국의 장군, 정치가, 문인들이 지난 2000년 동안 즐겨 두어온 전략게임이다. 퀸을 잡아내기 위해 전력을 한 지점에 집중하는 서양의 체스와는 달리 바둑은 게임판 전체에 걸쳐 영향력을 넓혀가는 게임이다. 이 과정에서 바둑은 정면대결을 피하고 상대를 포위하는데 주력한다. 이러한 게임의 양상은 현대의 게릴라전과 매우 유사하다.

Mr Boorman은 바둑에 대한 많은 도해를 통하여 모택동이 장개석과 벌였던 정치적·군사적 싸움에 있어서 바둑의 원칙과 동일한 전략원칙을 적용했다는 점을 제시하고 있다.

만약 이러한 유추(類推)가 타당하다면, 중국 공산당은 1949년에 중국대륙을 석권한 후 20년간 세계를 상대로 한 바둑게임을 준비해온 것으로 볼 수 있다. 이것은 현재의 동남아시아의 정세와 관련하여 함축적인 의미를 던져주고 있다..

New York Times

나는 이 책에서 바둑게임의 분석을 통해 전략을 조명하고자한 작가의 막대한 노력이 녹아있음을 보았으며 이것은 지금까지 없었던 최초의 시도이다.

T.C. Schelling, 하버드대 국제분쟁 연구센터

"군사전략에 관심 있는 많은 이에게 이 책은 매우 유용한 지식을 선물할 것이다. 또한 바둑에 관심 있는 사람들에게는 참으로 재미있는 읽을거리가 아닐 수 없다."

Library Journal

"....창의적인 노력이 돋보이는 책이다"

Foreign Affairs

서 언

군사전략에 대한 분석은 전략에 대한 선입관과 판단 기준에 따라 달라진다. 서양인이 서양의 전쟁사(戰爭史)를 연구하는 경우에는 그가 체득해 온 문화양식이나 지식은 많은 도움이 될 것이다. 그러나 서양이 아닌 다른 문화권에서 발생했던 역사를 분석할 때는 서양의 기준만으로는 적절히 해석되지 않는 것들이 있다. 서양의 가치관으로 이질적인 문화권의 역사적 사실을 분석하는 것은 종종 그 일들에 대한 이해를 더 어렵게 만들 수 있다. 예를 들면, 미군 장교들은 과달카날 전투[1]에서의 일본의 군사 작전을 다음과 같이 표현하고 있다.

> "그들(일본군)이 생각하는 승리의 요체는 기습달성이었으며 실패한 경우 막대한 부대의 손실을 감수한 채 압도적인 병력으로 상대를 제압하는 것이다. 그것은 곧 패배를 의미하는 것이다. 그들은 속임수를 성공시키기 위해 전술을 포기하는 모습을 보였다."

월남전에 참전했던 한 미군 지휘관의 발언은 이러한 편견을 더 명료하게 보여준다.

---

1) 제2차 세계대전 중, 42년 8월에서 43년 2월까지 미군과 일본군 사이에 과달카날 섬에서 격전이 벌어졌고, 부근 해역에서는 '과달카날 해전(솔로몬해전)'이 벌어졌다. 이 전투에서 일본군이 패배함으로써 일본이 패전하는 결정적 계기가 되었다. (역자 주)

"우리는 베트콩보다 더 영리했다. …(중략)… 그 결과 우리는 적보다 더 많은 병력을 사살할 수 있었다."

중국의 전략을 분석하는데 있어서도 역시 이러한 선입견이 작용하고 있다. 중국의 전략이 적용된 가장 최근의(이 책이 쓰였던 1969년 당시) 사건들은 1927년부터 1949년까지 진행된 모택동의 중국공산혁명과 1946년 이후 동남아시아에서의 중국에 의한 공산화 활동이었다.[2] 마르크스-레닌주의와 중국의 전통적인 전략으로부터 많은 영향을 받은 모택동 전략을 서양의 관점(군사사상)으로 해석하다보면 모순에 부딪치게 된다.

유연한 작전을 구사하면서도 상대적으로 안정적인 거점(기지)에 많이 의존했던 점, 전투의 효율성을 강조함과 동시에 지구전(持久戰)을 중시했던 점, 그리고 단순함을 추구하는 서구의 개념과 대조적으로 복잡한 전쟁수행을 선호했던 점 등을 예로 들 수 있을 것이다. 게다가 서양의 연구가들은 중국 공산당 전략의 핵심원리를 판단하는데 많은 어려움을 겪고 있다. 요약컨대, 서구학자들은 모택동 혁명을 연구함에 있어서 모택동 전략의 원칙과 실체를 평가할 수 있는 체계적인 구조나 이론의 부족으로 많은 어려움을 겪고 있는 실정이다. 이러한 어려움을 극복하고 중국의 전략에 대한 이해를 돕기 위해서 이 책에서는 중국 공산당 혁명 전략의 양상을 하나의 모델로 단순화시키고자 한다. 이러한 모델을 적용하

---

2) 중국 공산당이 베트민(월맹), 파테트라오(Pathet Lao) 등 다른 혁명세력에 대해 실제적인 통제권을 행사했다는 의미는 아니다. 다만, 중국 공산주의자들과 동남아시아 공산당 혁명세력간 전략의 동기나 목적이 상당부분 유사하다는 것을 의미하는 것이다.

는 이유는 그것이 동양정치학을 연구하는 서구학자들과 공산혁명 주체 간의 생각의 차이를 극복할 수 있는 가교 역할을 할 수 있기 때문이다.

상이한 문화 속에서 생성된 전략을 보다 쉽게 분석 할 수 있는 방법은 중국고대의 전략게임인 "바둑"의 원리를 이해하는 것이다. 일본식 발음인 "고(Go)"로 서양에 알려진 바둑은 중국 진한시대 (206 B.C.~8 A.D.)부터 시작되었고, 이후 중국의 장군, 정치가, 지식층이 가장 즐겨온 전략게임이다.[3] 역사적으로 볼 때 바둑에서 사용되는 전략과 중국의 군사전략 간에는 어느 정도의 상관관계 및 상호작용이 있었다. 만약 바둑과 중국 공산당의 전략이 유사하다면 바둑은 중국 공산당 전략을 설명하는데 있어서 서구의 학자들이 만들어낸 어떤 이론적인 모델보다 훨씬 더 현실적이고 적절한 모델이 될 수 있을 것이다.

바둑을 모택동 전략 분석의 모델로 삼았을 때 얻을 수 있는 또 다른 이점은 바둑이 다소 복잡한 게임이긴 하지만 서구에서 제시하는 사회과학 모델에 비해 이해하기가 쉽다는 것이다. 중국 공산당이 혁명전략 수립시 의도적으로 바둑을 모델로 삼은 것은 아니었지만 바둑의 진행방법과 의사결정 과정은 군사작전의 수행과 의사결정에 자연스럽게 적용되었을 것이다. 바둑의 구조와 추상성은 서양의 군사전략을 체스나 포커와 비교하는 것보다 더 깊은 수준의 비교를 가능하게 한다. 또한 모택동이

---

3) 중국에서는 웨이치(圍棋, wei-chi), 한국은 바둑(棋), 일본은 고(碁)라고 부른다. 일부 학자들은 고대 중국 전략가인 손자의 이론이 바둑의 원칙과 상당부분 유사하다고 주장하고 있다.

그의 저서에서 바둑전략과 중국 공산당 혁명 전략을 함축적으로 비교한 것은 중국공산전략의 의사결정모델로서 바둑의 가치를 인정하는 것이라 할 수 있겠다. 1938년 5월 모택동은 그의 중요한 평론중 하나인 "대일본 유격전략[4]의 문제점(Problem of Strategy in Guerrilla War Aganist Japan)"에서 아래와 같이 언급하였다.

"적과 아군은 상대방을 포위 섬멸하기위해 바둑과 유사한 두 가지 형태의 작전[5]을 운용 하고 있다. 서로 간의 교전은 바둑에서 서로의 말[바둑돌]을 잡기 위해 노력하는 것과 유사하며, 적이 강력한 거점을 구축하는 것과 아군이 유격기지를 설치 및 운용하는 것은 바둑판에서 많은 집을 차지하기 위해 돌을 놓는 것과 유사하다. 유격기지가 중요한 이유는 이를 발판으로 보다 넓은 지역을 점령할 수 있기 때문이다."[6]

군사전략개념을 정립해 나가던 시기에 쓴 또 다른 저서인『지구전』(On Protracted War)에서 모택동은 위에서 언급한 내용을 더욱 발전시켜 언급하고 있다.

"이것은 바둑과 유사하다. 크고 작은 전장에서의 전투는 서로의 말[바둑

---

4) 유격전략은 게릴라 전략 이라고도 한다. 이후 게릴라 전략은 유격전략으로 게릴라 활동은 유격활동으로 표기한다. (역자 주)

5) 특정 지역에서 상대방의 돌을 완전히 포위하여 잡아내는 작전과 바둑판위 곳곳에 돌을 놓고 집을 형성하여 전체적인 포위를 달성하는 두 가지 형태의 작전을 의미한다. (역자 주)

6) Mao Tse-tung, *Selected Military Writings* (Peking: Foreign Languages Press, 1963), p. 174. 이후 SMW로 축약하여 사용한다.

돌]을 잡기위해 노력하는 형국과 비슷하며 적이 강력한 거점을 구축하는 것
(예, 태원(太原, Taiyuan)[7] 지역의 거점)과 아군이 유격기지를 설치 운용하
는 것(예, 오대산(Wutai)의 기지)은 바둑판에서 더 많은 집을 차지하기 위한
포석과 유사하다."[8]

『지구전』 발간 10년 후 모택동은 다시 한 번 바둑의 원리와 용어를
사용해 당시의 전략적 상황을 설명하고 있다. 1948년 후반 중국 북부전
역에서 국민정부를 상대로 마지막 공세를 펼치고 있었을 때, 그는『군사
선집』(Selected Military Works)의 한 부분인 "북평(北平, Peiping)[9] 천
진(天津, Tientsin)전역의 작전 개념"이란 장에서 당시 가장 중요했던 대
고(大沽, Tangku)지역을 점령할 수 있다면 바둑판 전체의 주도권을 쥐게
될 것이라고 서술하고 있다. 위 인용문의 마지막 부분에 사용된 "ch'uan-
chu chieh huo-le"[10]라는 중국어 표현은 전체적인 정황이 한순간에 긍정
적인 방향으로 바뀐다는 뜻이다. 이러한 표현은 서양인에게 다소 생소하
게 받아들여질 수 있지만, 바둑에서 관용적으로 사용되는 표현이다.

모택동이 그의 저서에서 바둑의 원리와 용어를 자주 인용한 것으로
보아 그의 전략체계를 바둑의 원리로 설명할 수 있다는 가정은 일견 타

---

7) 중국 산서성(山西省)의 성도(省都). (역자 주)
8) SMW, p. 221. 바둑과 군사작전간의 유사성에 대한 내용을 이후에도 자주 언급한 것으로 보아
   모택동은 바둑의 원리를 전략적으로 상당히 중요하게 생각했던 것으로 판단된다.
9) 이후 중국의 지명표기는 한자음을 기본으로 하여 한국어로 표기되며, 한국어 표기가 불가능한
   지명은 중국어를 그대로 발음하여 표기함. (역자 주)
10) 정확하지는 않지만 "한순간에 상황이 호전되다"는 의미로 해석될 수 있을 것이다.(역자 주)

당하게 보인다. 이러한 가정은 단순히 모택동의 몇몇 저서에 바둑의 원리가 언급되었기 때문이 아니라 역사적 사실에서 그 실례를 찾을 수 있다는 점에서 더욱 타당성이 있다. 그러므로 바둑의 원리를 이용하여 중국 공산당 혁명전략을 분석하기 위해서는 역사적인 사실(1927-1949년까지의 중국 공산당 혁명)에 대한 분석이 선행되어야 한다. 이러한 기본적인 분석 없이는 모택동전략을 현대 상황에 적용하는 것도, 중국 공산당 전략의 핵심을 이해하는 것도 힘들 것이다. 따라서 이책에서는 바둑의 원리를 이용한 분석의 첫단계로 중국 공산당 혁명기간에 발생한 여러 가지 전략적 주요사건들을 바둑판이라는 가상의 공간에 펼쳐놓은 후에 정치적, 군사적 관점에서 그러한 사건들을 분석할 것이다. 두 번째 단계에서는 중국 공산당 전략을 바둑전략의 일반적인 원리와 비교하고 마지막으로 중국 공산당 혁명의 성공 원인을 바둑에서 기사(棋士)가 승리를 하는 원인과 비교분석하여 가정의 타당성을 입증할 것이다.

물론 바둑이라는 전략 모델이 중국이라는 한 국가나 1949년 이전 중국대륙에서의 상황에만 적용되는 것은 아니다. 바둑모델을 1950년 이후 동남아시아에서의 공산당 혁명전술에 적용하여 분석하는 것도 좋은 시도일 것이다. 중국 공산당 혁명전술을 분석하는데 있어서 바둑은 그 패턴을 이해하고, 목표선정과 획득과정을 설명하는데 아주 유용한 수단이 되고 있다. 중국이 1961년 초반 인도네시아에 대한 영향력을 확대하려는 시도와 베트남에 대한 전략 그리고 인도지역에 공산당세력을 확대하려는 시도 등을 분석하는 도구로도 적절히 사용되어질 수 있다.

바둑모델은 모든 모택동 전술에 완벽히 맞아 떨어지는 것이 아니라 일부에 한해서만 적용되어질 수 있다는 것을 명심해야 한다. 구조나 전략 면에서 게임은 실제 전쟁보다 훨씬 적은 변수를 가지고 있다. 이런 상대적인 단순성으로 인해 바둑은 전쟁이라는 복잡한 상황을 해석해주는 데 많은 제한점을 가지고 있는 것이 사실이다. 그러나 이러한 제한점에도 불구하고 바둑의 원칙들은 중국 공산당 전략의 전개과정과 역동성을 설명해줄 수 있는 중요한 방법론을 제시해주고 있다.

우리에게 유명한 "코끼리 다리를 만지는 장님들의 이야기"에서 장님들은 그저 각자의 관점에서만 코끼리의 실체를 표현할 수 있다. 한사람은 코끼리의 다리를, 어떤 사람은 코끼리의 코를, 또 어떤 사람은 꼬리만 만지고 전체를 설명하려한다. 이렇게 서로 다른 관점으로 인해 장님들은 자신이 알고 있는 코끼리의 실체에 대한 끊임없는 논쟁을 벌였다. 이처럼 바둑모델도 모택동 전략이라는 코끼리의 모습을 완전히 표현하기에 충분한 방법은 아니겠지만 지금까지의 접근과는 다른 좀 더 실체에 접근한 창의적인 방법이라는 점에서 그 가치가 있는 것이다.

바둑이란 무엇인가?

- ● 바둑의 구조
- ● 바둑의 전략

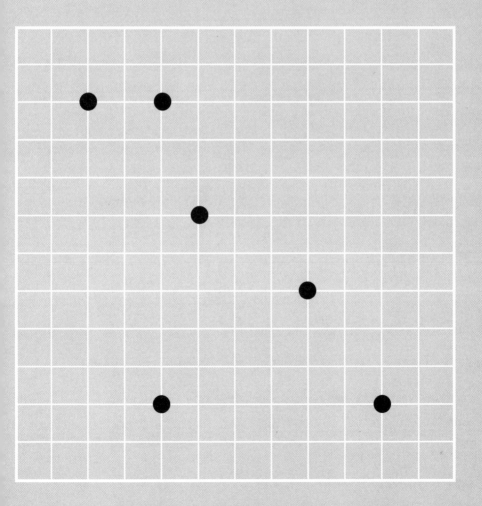

제1장

바둑이란 무엇인가?
(The Game of Wei-chi)

오랜 역사를 가지고 있는 바둑이라는 게임을 간단히 설명하는 것은 쉽지 않은 일이다. 특히 바둑의 원칙을 정치군사학적 현상에 대입하여 설명하는 것은 더욱 그러하다. 또한, 바둑의 고수가 이해할 수 있는 수준으로 바둑을 설명하는 것은 글의 분량을 길게 할 뿐 아니라, 독자를 지루하게 만들 수도 있다. 그 반대로 초보자 수준으로 간략히 설명한다면 바둑의 주요원리를 충분히 설명할 수 없고 우리가 목표로 하는 "바둑의 원리를 이용한 군사전략 분석"에 거의 도움을 줄 수 없을 것이다. 이러한 이유로 이번 장에서는 바둑의 중요한 특징과 이론에 대해서 자세히 설명하되 세부적인 기법에 대한 설명은 가능한 생략하였다. 즉, 바둑의 기술을 이해하기 보다는 바둑에 내재된 철학을 이해하는데 중점을 두었다.

바둑의 구조

바둑은 2인이 펼치는 전략게임이다. 우연과 손재주로 승패가 결정되는 서양의 체스와는 달리 바둑은 순수하게 개인의 지능을 겨루는 게임이다. 바둑판은 가로와 세로 각각 19개의 직선이 같은 간격으로 그려져 있으며 여러 개의 사각형을 형성하고 있다. 선과 선이 교차하는 자리가 돌을 놓는 곳이며 집이 되는 자리이기도 하다. 따라서 바둑판에는 총 361개의 [점]이 있다. 그중 9개의 [점]이 화점(花點)이며 그림 1에 나타나 있다. 이외에도 다른 크기의 바둑판(8X8, 13X13, 17X17)도 사용되고 있으나 크기가 23X23이상이 되면 조합 가능한 전략의 수가 인간의 인지 한계를 초과한다고 알려져 있다.

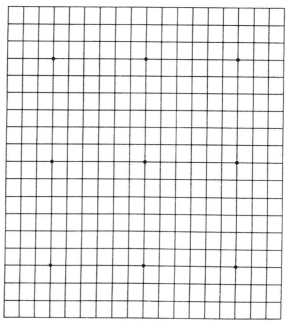

〈그림 1〉 바둑판(19×19)

바둑은 흰색과 검은색의 돌(또는 말)을 이용하여 게임을 한다. 바둑을 시작할 때 기사간 실력차이가 거의 없다면 아무 돌도 놓여있지 않은 상태에서 게임을 시작한다. 대게 흑을 쥔 사람이 먼저 시작하게 되고 이후로 차례대로 바둑판위에 돌을 놓는다. 바둑판에서 선과 선의 교점에 바둑돌을 놓을 수 있다. 흑은 181개, 백돌은 180개의 수(돌)를 놓을 수 있으며 바둑판에 한번 놓은 돌은 움직이지 못한다. 실력차이가 현저한 사람끼리 대국을 하는 경우 하수는 몇 점의 흑을 바둑판위에 먼저 놓고 대국에 임하게 된다. 이와 같이 호선(互先: 맞바둑, 실력이 비슷한 사람끼리 동등한 조건에서 두는 바둑)으로 대국할 수 없을 때 하수가 미리 돌을 놓고 게임을 시작하는 것을 「접바둑」이라고 하고, 미리 놓아두는 돌을 치석(置石)이라고 한다. 실제 게임에서 하수는 최소 2개에서 최대 9개의 돌을 먼저 두고 시작할 수 있는데 그림 2에서 5개의 돌을 먼저 놓고 시작하는 형태를 보여주고 있다.

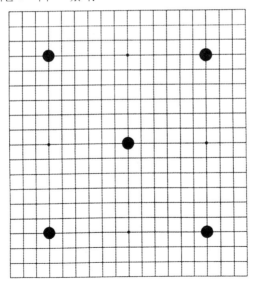

〈그림 2〉

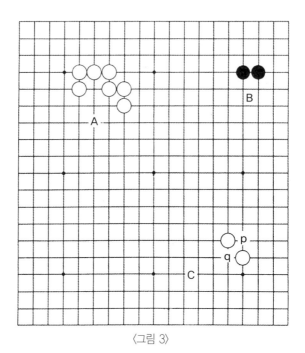

〈그림 3〉

　2개 이상 같은 색의 돌이 선을 따라 완전하게 연결된 경우 "연결된 돌들 또는 연결돌(group)"[1]이라고 한다. 완전히 연결되지는 않았지만 이어진 것이나 다름없는 돌들을 "이어진 돌들 또는 이음돌"(collection)이라고 부른다. 그림 3을 보면 A와 B는 연결된 돌의 집합이다. C의 경우는 연결되지는 않았지만 이어진 경우인데 이 경우 흑이 "p"에 착수하면 백은 "q"에 착수하여 연결된 돌이 될 수 있으며 그 반대도 마찬가지이다.

　바둑을 둘 때에는 두 가지 목표를 가진다. 자신의 집(영역)을 늘리는 것과 상대방의 돌들을 따내는 것이다. 실제 게임에서 이 두 가지 목표는

---

1) 연결돌, 이음돌은 바둑에서 쓰이는 용어는 아니지만 저자가 서양인에게 설명을 돕기 위해 쓴 표현를 의역한 것이다.

상호 밀접하게 관련되어 있다. 상대방의 돌을 따냄으로서 새로운 집을 늘리게 되며 이러한 집은 차후 상대방의 돌을 따내는데 기여하게 된다. 「집」은 자신의 돌로 둘러싼 내부의 공간이다. 좀더 자세히 설명하면, 집은 동일한 색의 돌로 빈틈없이 둘러싸여 있으므로 특별한 경우가 아닌 한 상대방의 공격으로부터 영역을 보존할 수 있다. 바둑을 진행하다보면 완전하게 연결되지는 않았지만 영역 확보를 위해 띄엄 띄엄 돌을 두는 "포석(布石)"을 하게 되는데 이렇게 포석이 지향하는 영역을 잠재적 영역(potential territory)이라고 한다. 집과 관련된 또 하나의 개념은 "세력권"이다. 이 용어는 정치학에서 사용되는 용어와 크게 다르지 않다. 즉, 한 세력의 주도권 하에 놓여있되, 완전히 확보된 영역으로는 볼 수 없는 지역을 지칭한다. 그림 4에서 A는 바둑판의 한귀에 집을 구축한 예를 보여주고 있고 ,B는 흑의 잠재적 영역이며 C에 있는 백돌들은 바둑판의 하단에서 세력권을 형성하고 있다.

상대방의 돌을 잡으려면 그 돌의 가로와 세로의 접점(이것을 활로(活路)라 한다.)을 봉쇄하면 된다. 바둑판의 가장자리에 붙어있는 돌들의 경우에 상대방은 가장자리에 닿은 방향을 제외하고 나머지 방향만 에워싸면 돌들을 잡아낼 수 있다. 예를 들어 그림 5의 좌상단에서 흑은 p에 착수함으로서 백의 돌들을 모두 따낼 수 있다. 안에 빈집이 있는 돌들을 잡아내기 위해서는 외부 뿐 아니라 내부의 공간도 차단해야만 한다. 그림 5의 B가 그 예인데 흑은 q에 두어야 백돌들을 따낼 수가 있다. 그러나 어떤 경우에는 상대방 돌들을 완전히 에워싸도 내부의 집을 없애지 못해서 전체 돌들을 살려두어야만 하는 경우도 있다. 활로가 없는 돌을 두어서는 안 된다는 원칙이 적용되는 경우인데 그림 5의 C가 그 예이다. 이 경우 백이 "r" 또는 "s"에 둘 경우에 이미 사방의 활로가 막혀 공배가 없는 돌이 되므로 놓는 순간 완전한 백의 포위망에 걸려들어서 죽은 돌(死石)이 되고 만다. (이러한 지점을 착수금지(着手禁止)라고 하며 상대방이 돌을 놓을 수 없는 자리가 된다.)

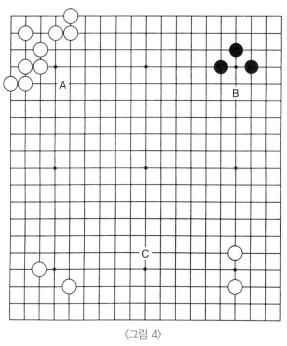

〈그림 4〉

치열한 영토싸움이 벌어지는 상황 속에서 바둑의 고수들도 종종 자신과 상대방의 돌의 사활(死活)에 대해 잘못 판단하는 경우가 있다. 돌의 사활에 대한 판단을 어느 정도 정확히 할 수 있는 수준에 오르기 위해서는 부단한 연습을 통해서 대국을 조망할 수 있는 감각을 갖추어야 한다. 사활의 원리에 대해 복잡한 설명을 하는 것은 이 책의 목적에서 벗어나므로 자세한 내용은 생략하기로 한다.

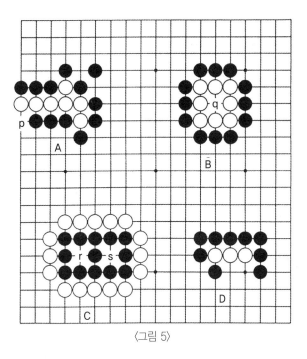

〈그림 5〉

　바둑을 두다보면 회생의 가능성이 없는 돌들이 생기게 되는데 이런 경우 방자와 공자는 해당지역에 더 이상 돌을 놓지 않게 된다. 그 이유는 방자의 경우 더 많은 돌이 죽는 것을 피하기 위함이고 공자의 경우 불필요한 돌을 두어 자신의 잠재적 영토에 집의 수를 줄이지 않음과 동시에 다른 지역에서 상대방에게 주도권을 빼앗기지 않기 위해서다. 그림 5 D의 백돌의 경우는 앞에서 언급한 것처럼 살아날 가망이 없는 사석이다.

　바둑이 진행되면서 영토는 백 또는 흑에 의하여 둘러싸여지게 되며 서로 상대방의 돌을 가능한 많이 잡아내거나 포위하려는 과정이 진행된다. 그러다가 바둑판의 어느 곳에서도 더 이상 득실이 없다고 판단되어

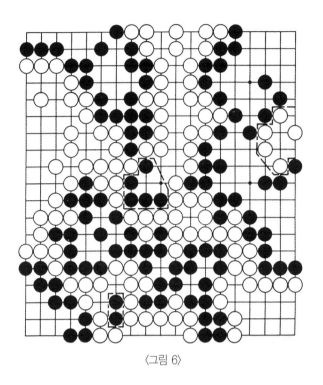

〈그림 6〉

지면 종국(終局)이 선언된다. 그림 6은 바둑이 종료된 상황을 보여주고
있다.(점선내의 돌들은 죽은 돌로 간주 된다.) 각 진영은 획득한 영토내
의 집수([점]의 개수)와 포획하거나 따낸 상대방의 돌들을 각기 1점씩으
로 환산하여 최종 점수를 계산하게 된다. 표 1에 바둑 규칙을 요약해 놓
았다.

구 분	주 요 규 칙
맞바둑	가. 미리 돌을 두지 않는다.
	나. 흑을 잡은 편이 먼저 시작한다. (접바둑의 경우는 반대)
	다. 흑과 백이 교대로 착수한다.
	라. 양 진영의 공통된 목표는 보다 넓은 집(영토)을 차지하는 것과 상대방의 돌을 가능한 많이 잡아내는 것이다.
	마. 모든 돌 또는 연결돌, 이음돌 들은 상대방에 의해 인접한 모든 활로가 차단되었을 때 잡힌다.
	바. 잡힌돌(사석)은 바둑판에서 제거된다.
	사. 돌중에서 완전히 잡힌 것은 아니지만 활로가 모두 적의 돌에 의해 막혀 살아날 가망이 없는 돌을 "사석(死石)"이라고 한다.
	아. 두 진영 모두 더 이상 확보할 영토가 없거나 잡아낼 돌이 없는 경우 대국은 종료된다.
	자. 점수의 계산은 자신이 확보한 집의 수와 따낸 상대방의 돌 수를 합쳐서 계산한다.
	차. 높은 점수를 얻은 편이 승자가 된다.
접바둑	가. 하수가 흑을 쥐고 실력차이에 따라서 2~9개 내외의 돌을 화점에 미리 놓는다.
	나. 백을 잡은 편이 먼저 시작한다.
	다. 나머지 사항은 맞바둑과 동일하다

〈표 1〉 바둑의 주요 규칙(요약)

바둑의 전략

바둑판 위에 돌을 놓을 수 있는 경우의 수가 매우 많기 때문에 바둑에서 사용되는 전략(이후 "바둑전략"으로 칭함)은 대단히 다양하고 복잡하다. 바둑돌은 서양의 체스처럼 어떤 대표성(왕, 신하, 기사 등)을 갖지 않는다. 바둑판의 모든 위치는 동등하며 어떠한 특정한 조건도 갖지 않는다. 바둑이 진행되는 동안 어떤 위치 [점]가 갖는 잠재적인 영향력이나 전략적 가치를 예측하는 것은 초보자에게는 상당히 어려운 과제이다. 바둑을 접했던 한 서양인은 초보자가 겪기 쉬운 딜레마에 대하여 아래와 같이 말하고 있다.

"바둑을 제대로 공부하지 않은 초보자는 바둑의 초반양상을 거의 이해할수 없다. 두 명의 기사가 바둑판의 한쪽 구석에 돌을 두다가 다른 구석으로 옮겨 두는 모습은 마치 무작위로 돌을 바둑판위에 놓는 것처럼 보인다. 상대를 포위하려고 하기보다 바둑판 위에 흑백의 아름다운 그림을 그리려는 것처럼 보이기까지 한다. 어느 정도 포석이 끝나면 기사(棋士)들의 목적이 확연해지기 시작하면서 최초에 아무 의미 없이 둔 것처럼 보인 돌들의 가치가 살아나기 시작한다. 사람들은 돌들이 특정지역의 전초기지 역할수행을 위해서 또는 적을 방해하는 감시소 역할을 위해 놓여졌다는 것을 점차 인식하게 된다. 특이한 것은 바둑의 초보자는 자신의 돌들의 사활여부도 인식하지 못하는 경우가 많으며, 고수들조차도 가끔 혼동할 때가 있다는 것이다."

바둑의 복잡한 전략은 결과적으로 심도 있는 바둑이론의 개발로 이어졌다. 중국, 한국, 일본 등 동아시아에서 바둑은 2천년의 역사를 가지고 있으며 바둑에 관한 문헌은 지금으로부터 약 천년을 거슬러 올라간다. 긴 역사를 통해 다양한 규칙이 발전되어 왔고, 이를 분석하기 위해서는 서양의 체스보다 훨씬 더 많은 노력과 분석력을 필요로 한다. 바둑에 대한 서양의 연구들은 대국전개의 복잡성을 중점적으로 다루기 때문에 초보자들은 시작단계부터 바둑의 난해함과 마주치게 된다. 대부분의 서양 연구물들은 초보자의 수준을 넘는 내용을 다루면서도 바둑의 일반적인 패턴과 원리에 대한 명확한 내용을 담지 않는 경우가 많다.

바둑은 세 가지 구조적인 특징을 가지고 있다. 장기전(長期戰)이며, 전선의 전후방이 혼재된 퍼즐 양상의 전쟁게임이며, 승리와 패배가 상대적(제로섬 게임)이라는 것이 그것이다. 바둑을 종료하는데 오랜 시간이 걸리는 이유는 돌을 놓을 수 있는 곳[점]이 많고 다른 게임에 비해 상대적으로 느리게 진행되기 때문이다. 앞에서 언급했듯이 바둑판은 361개의 [점]을 가지고 있으며 이것은 체스보다 6배나 많은 숫자다. 그리고 격자위에서 진행되는 서양의 다른 게임들은 자신의 차례가 오면 판에 놓여진 돌 중 하나를 움직일 수 있으나 바둑의 경우 이전까지 놓인 돌은 일체 움직일 수 없고 한 개의 돌만을 추가로 놓을 수 있을 뿐이다.[3]

위에서 언급한 두 가지 차이점(일반 게임에 비해 많은 경우의 수, 한 번 놓은 수는 다시 물릴 수 없음)에서 "느린 템포(장기전)"라는 전략적으로 중요한 바둑의 특징이 나타난다. 바둑을 두다보면 바둑판의 한 지역에서 전술적으로 패배했다고 해도 전략적으로 유리한 위치를 선점함으로 잃은 세력을 회복할 수 있다. 반면에 서양의 전략게임인 체스에서는 단 한 번의 전술적인 실수가 치명적인 패배로 이어지게 되는 경우가 많다. 한 번의 전술적 승리로 전략적 승리를 달성할 수 있다는 생각은 바둑

---

3) 사용하는 판의 규모가 크다는 것이 체스와 바둑의 또 다른 큰 차이다.

에서는 적용되지 않는 개념이다.

바둑의 두 번째 구조적 특징은 반쯤 완성된 그림 조각퍼즐이나 반쯤 지워진 모자이크를 완성시키는 것처럼 게임이 비선형적, 비연속적으로 진행된다는 점이다. 백돌과 흑돌은 상호 연속적인 선을 형성하지 않을 때가 많다. 이러한 비연속성은 바둑의 두 가지 규칙에 기인한다. 첫째, 바둑판은 최초에는 공백인 상태이며 어느 곳에든 돌을 자유롭게 놓을 수 있다. 즉, 양편 모두에게 상대방의 후방이든, 종심 깊은 곳이든, 새롭게 형성된 전선의 후방이든 상관없이 거의 모든 곳에 돌을 놓고 교전할 수 있는 기회가 제공된다는 것이다. 둘째, 서로의 돌을 잡으려는 포위 전략을 구사할 때 자신의 포위망과 상대의 역(亦)포위망이 혼재되는 복잡한 양상이 전개된다는 것이다. 바둑에서 포위망의 구성은 어느 한 지역의 돌들로만 이루어지는 것이 아니라 바둑판에 넓게 분산되어 있는 독립된 돌들과 연결된 돌들이 합세하여 완성된다. 이러한 특징 때문에 바둑을 두는 기사는 어떤 명확한 전선이나 안전한 지역을 예측하기 힘든 것이다. 의식적이든 무의식적이든 어떤 지역이 안전하다고 생각하는 순간, 상대에게 허를 찔려 바둑 전체의 흐름이 흔들리는 결과를 초래하게 된다.

세 번째 특징은 승리와 패배가 서로 상대적이라는 점이다. 즉, 한쪽이 차지하는 만큼 다른 쪽이 잃게 되는 제로섬 게임인 것이다. 특히 바둑의 독특한 "전투양상"은 다른 전략게임과 구별된다. 바둑에서는 단순히 집과 지역을 점령하는 것만으로는 승리를 달성할 수 없다. 체스의 경우 상대방을 결정적 국면으로 몰아넣거나 한편이 모든 말을 잃게 되면 게임이 종결된다. 그러나 바둑에서는 상대보다 많은 점수(집과 상대방의 돌)를 얻는 편이 이기게 된다. 패배 역시 상대적이며 상당히 많은 집(영토)을 확보하고도 패하는 경우가 있다. 그러므로 바둑에서 승리한다는 것은 대국을 진행하면서 계속적으로 집을 늘리고 상대의 돌을 획득해 나가는 것을 의미한다. 이러한 개념은 일원적 가치가 아닌 다원적 가치를 추구하는 것이라 볼 수 있다. 바둑의 목적은 상대방을 제거시키는 것이 아니라 자신의 이익과 실리를 극대화 시키는데 있다. 이러한 바둑의 "전투양상"은 한쪽을 완전히 쓰러뜨리는 결투보다는 한정된 상품을 확보하기 위한 상업적인 경쟁 양상과 유사하다.

바둑에서 승리를 위한 세 가지 방법은 집(영토)획득, 상대진영에 대한 공격, 자신의 집에 대한 방어이다. 첫 번째 작전인 영토획득은 앞에서 설명한바와 같이 비어있는 [점]들을 둘러싸는 형태로 이루어진다. 두 번째 및 세 번째 방법은 상대방을 포위하는 전략과 포위를 막아내는 전략을 통해 각각 이루어진다. 바둑의 핵심 목표는 집이나 지역을 장악하는 것이므로 바둑전략에 있어서 가장 중요한 것은 핵심적인 위치에 돌을 놓는 것(포석)이다. 일반적으로 원하는 지역을 포위하기 위해서 띄엄띄엄 두는 포석을 통해 세력의 윤곽을 잡아간다. (그림 7에서 백돌을 참고)

하수(下手)가 범하기 쉬운 실수중의 하나는 시작단계부터 일정지역에 연속적인 돌을 두어 견고한 영토를 성급히 구축한다는 것이다. 그러한 시도는 패배로 귀결될 수 밖에 없다. 하수(下手)가 좁은 지역에 모든 노력을 집중하고 있을 때, 고수(高手)인 상대는 광범위한 지역에 강한 영향

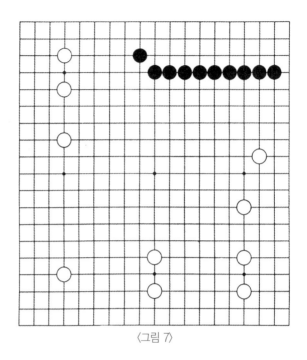

〈그림 7〉

력을 행사하기 위한 포석을 진행시킨다. 하수(下手)가 견고하게 포위한 곳은 처음에는 확고한 집인 것처럼 보인다. 하지만 그는 상대방이 넓게 포석한 돌들이 그의 잠재적인 영토를 역으로 포위하게 된다는 점을 간과하는 실수를 저지르게 되는 것이다. 〈그림 7〉을 보면, 백은 효율적으로 돌을 착수하고 있다. 백은 돌을 넓게 분산시켜 바둑판의 대부분 지역을 장악하고 있다. 그러나 흑은 좁은 지역에 과도히 집중하면서 다른 지역을 차지할 능력이 제한되어 패색이 짙은 형국이다. 게다가 확보하고 있는 집들마저 완전하지 않아서 완벽한 굳힘을 위한 수가 없으면 상대방의 공격에 상당히 취약한 상태다.

결국 흑은 백의 공격에 대비하기 위해 자신의 외곽을 더욱 견고하게 하고자 할 것이며 이것은 돌의 낭비를 초래하게 된다. 이렇듯 소규모 지역을 견고하게 하는 것은 반격을 위한 준비가 아니라 단순히 싸움을 회피하는 수밖에 되지 않는다. 하수와 고수의 차이는 확연하다. 고수의 경우 자신에게 위협이 가해지는 지역에서 어느 정도로 수비를 견고히 해야 하는지 아는 반면, 하수는 상대의 주된 공격이 이루어지는 곳과 동떨어진 곳에서 영토를 구축하는데 많은 노력[돌]을 허비한다는 점이다. 앞에서 강조했듯이 바둑은 퍼즐 형태의 게임이기 때문에 어떤 지역의 포위망을 구축하는 과정이 단순히 자신의 머릿속에 그려진 지도대로 돌을 두어나가는 과정이 아니라는 것을 알아야한다. 바꾸어 말하면 고수는 바둑판 위에 놓인 자신의 모든 돌들을 전체적인 포위망 구축의 일부로 최대한 활용하며 수시로 공격과 방어를 펼치되 적을 잡아내기 보다는 잠재적인 영토를 확보하는데 역점을 둔다. 게다가 그는 바둑의 귀와 변을 잘 운용하여 자신의 영토를 최대한으로 넓히는데 주력한다.

귀와 변은 상대의 돌이 침투해 들어오기가 대단히 어렵기 때문에 적은 노력을 투자하여 영토를 확보할 수 있는 곳이며 그 자체가 포위망의 일부로 활용될 수 있다. 그러므로 바둑에 대해 조금이라도 아는 사람은 귀에서 시작해서 변으로 움직이고 마지막으로 바둑판의 중앙인 어복(魚腹)으로 진출하여 영토를 확보하게 된다.(그림 7의 백돌 참고)[4]

---

4) 귀의 경우 두 방향이 막혀있으므로 나머지 두 방향만 막으면 자신의 영토를 확보할 수 있으며, 변의 경우는 세 방향만 막으면 집을 확보할 수 있다. 중앙의 경우는 동서남북 네 방향 모두를 막아야 영토(집)가 형성되므로 상대적으로 집을 구축하기가 힘들다. (역자 주)

상대방의 돌을 완전히 포위하거나 잡아내는 것은 포석을 통한 집의 확보보다 어렵기 때문에 보통 바둑의 2차적인 목표로 여겨진다. 그러나 상대방의 실수와 약점을 이용하여 자신의 이익을 확대하고자 하는 기사에게는 매우 중요한 방법이 되기도 한다. 바둑의 고수는 단순히 집을 구축하거나 방어하는 과정에서도 상대방에게 지속적인 위협을 가한다. 일반적으로 상대방의 돌을 잡아내는 과정은 상대방의 강한 대응 때문에 조금 더 복잡하긴 하지만 집을 확보하는 과정과 거의 같다고 볼 수 있다. 그것을 위한 첫 번째 단계는 드문드문 돌을 두어 개략적인 포위망을 형성하면서 상대방으로 하여금 포위망을 돌파하지 못하도록 견제하는 것이다. 두 번째 단계로 포위망을 견고하게 구축함과 동시에 상대방이 포위망 내에서 확고한 집을 구축하지 못하도록 방해한 뒤 결정적인 수를 두어 상대방의 돌을 잡아내게 된다.

이미 강력하게 집을 구축하고 있는 상대방의 돌들을 포위하려는 시도는 반대로 자신에게 불리하게 작용할 수 있다. 포위를 시도하려는 돌들의 기반이 완전하지 않은 경우 상대방의 역공격에 의해 포위망이 차단당하고 도리어 상대에게 잡혀버리게 된다. 상대방의 돌을 잡아내는 것에 과도히 노력을 집중하는 하수는 그가 포위하려는 상대방의 돌과 인접하게 포위선을 구축하려는 경향이 있다. 이로 인하여 완전한 포위가 형성되기 전에 역공격을 받아 포위망이 돌파되고 역으로 포위되기도 하는 것이다.

바둑에서 방어하는 방법(원리)은 공격의 원리를 반대로 적용하는 것이다. 방자의 목표는 상대방 돌에 의해 차단당하지 않도록 연속적인 돌로 방어선을 구축하는 것이며, 상황에 따라 이를 기반으로 상대방을 역으로 포위하는 것이다. 이러한 두 가지 목표(적의 공격저지, 역포위 달성)를 달성하기 위해 두 가지 기술이 사용된다. 첫째는 방자의 진영이 상대적으로 강하게 구축되어 있을 때(잘 연결되어 있고 언제든 완벽한 집의 형태로 완성되어질 수 있는 상황) 자신의 노출된 측면에 대한 공격을 막아내기 위하여 적의 접근로를 직접 차단하는 방법이다(그림 8의 A, 흑의 방어참조). 두 번째로 방자의 진영이 견고하지 않은 경우(보통 대국의 초기단계나 포석이 끝난 중반 초기에 나타나는 형국)에 고수들은 자신의 집이나 돌의 일부를 포기하면서 상대방 공격의 첨단으로부터 어느 정도 이격된 곳에 돌을 놓아 자신의 진영을 단단하게 굳힐 수 있는 시간을 번다.

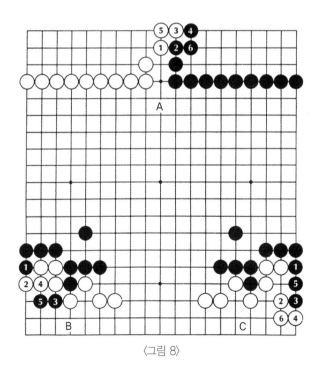

〈그림 8〉

그림 8의 B와 C는 이러한 전술의 간단한 적용사례를 보여주고 있다. (B와 C는 번호가 쓰인 돌을 제외하면 좌우로 대칭된 동일한 배열이다.)

그림 8-B에서 만약 흑이 "1"의 위치에 두고 백이 별다른 고려 없이 흑의 공격을 직접적으로 막기 위해 "2" 위치에 두게 되면 백의 측면은 순식간에 무너지게 된다(그림 8의 B에서는 다섯 개의 백돌이 모두 죽은 형국이다). 그러나 백이 흑과 같은 수에 그림 8-C의 "2"로 물러나면서 굳힘수를 두게 되면 흑은 계속 공격을 시도해도 백의 영토로 돌파할 수 없게 된다. 바꾸어 말하면 그림 8-C에서 백돌 "2"는 전개된 백돌들의 구조를 안정시키고 확보된 집을 견고히 유지하는데 결정적인 수인 것이다.

돌을 연결하고 차단하는 전술은 공격 및 방어의 기본이 된다. 고수는 대국의 초반이나 중반에 비경제적(필요 이상으로 돌들의 연결을 견고히 하는 것)인 포석을 삼간다. 반면, 그는 듬성듬성 놓은 돌로 연결을 위한 준비상태를 갖추고 있다가(느슨한 연결) 상대가 공격해 오면 연결을 강화 한다. 실제대국에서 이와 같은 포석을 하는 방법은 매우 다양하며 그것들을 모두 섭렵하는 것은 상당히 어려운 학습과정이다. 방어 시에 이러한 느슨한 연결이 가져오는 이점은 일부 돌이 공격을 받는 경우 주변의 다른 돌들과 연결을 강화하여 상대의 공격을 효과적으로 막아낼 수 있다는 점이다. 또한 방어간에는 대마(大馬)의 안전을 위해 일부 돌들을 포기하기도 한다. 반대로 공격시 공자의 첫 번째 작전목표는 방자를 외부로부터의 지원이 불가능하도록 고립시키는 것이다. 왜냐하면 방자의 몇몇 돌이 연결됨으로서 공격이 무산되는 경우가 있기 때문이다.

바둑에서 공격, 방어, 영토확장 등을 실시하는 과정에서 중요하게 여겨지는 세가지 개념이 있다. "통제 과정"(control processes) 이라고 불리기도 하는 그 세 가지는 주도권, 협동, 경제성(절약) 이다. 이 개념들은 대부분 군사교범에서 일반적으로 사용되어지는 개념이지만, 바둑에서는 특별한 의미를 가지고 있다.

세 가지 개념 중 가장 중요한 것은 주도권이며 바둑의 "선수(先手)"라는 개념으로 설명될 수 있다. 사전적인 의미로서 선수(先手)라는 단어는 "먼저 내미는 손"을 의미하며 이것은 영어의 주도권(initiative)과 어느 정도 유사하나 한 가지 근본적인 차이가 있다. 영어권에서 전략적 용어로 사용되는 주도권(initiative)은 일반적으로 명확한 공세행동을 통해 달성된다. 그러므로 전략적 주도권(strategic initiative)은 전략적인 공세행동과 매우 유사한 개념이라고 할 수 있다. 그러나 바둑에서는 주도권과 공세행동간의 연관성이 적다. 선수(先手)는 "상대방으로 하여금 자신의 의도에 따라 움직이게 하고 보다 많은 손실이 발생하도록 강요하면서 바둑판의 일정지역에서 대국을 자신에게 유리한 방향으로 끌고 나가고 있는 상황"이라고 할 수 있다. 바꾸어 말하면 선수(先手)라는 것은 상대방으로 하여금 "내가 놓을 수"에 대응하기 위해 지속적으로 움직이게 하고 바로바로 대응할 수밖에 없는 상황을 조성해주는 기술을 의미한다.

"바둑을 자신의 의지대로 끌고나가는 것"은 이미 포위된 적들에게 계속적인 움직임을 강요하면서 자신의 집(영토)을 넓혀가는 것, 차후 공세를 위한 기반을 견고히 하는 것 등의 의미를 가지고 있다. 만약 선수를 공격과 연관하여 생각해보면, 주도권을 잡는 과정은 단순히 돌을 잡아내

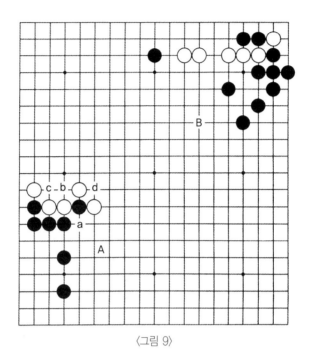

<그림 9>

는 과정이 아니라 효과적인 공격이 연속되어지는 모습이 될 것이다. 동시에, 주도권은 전략적 공격작전에만 필요한 것이 아니라 전략적 방어시에도 필요한 것이다.

선수의 구체적인 예가 그림 9의 A에 표현되어있다. 그림의 국면이 백선(百先, 백이 먼저 두는 것)이라면 백은 당연히 a에 착수하여 흑의 돌을 따냄으로서 상대방의 측면을 공격함과 동시에 상대의 영향력을 감소시키려 할 것이다. 그러나 이 국면이 흑선(黑先)이라고 가정해 보자. 흑은 a에 착수하여 백이 b에 돌을 놓게끔 만들 것이다. (그렇지 않으면 흑이 b나 c에 두어 백돌 두개를 따내게 될 것이다) 그러므로 흑이 a에 착수한 것은 그것이 비록 방어를 위한 수였지만 선수의 개념을 내포하고 있다. 그 이유는 백은 흑이 유도한 대로 대응할 수밖에 없고 그렇지 않으면 보다 큰 손실을 입게 되기 때문이다. 백이 두 번째 돌을 b에 착수하게 되면 흑은 d에 둠으로서 백의 또 다른 약점을 공격하게 된다. 물론 한 지점에서의 결과는 전체정황에 대한 고려 없이 판단하기 어렵다. 그러나 일반적으로 흑은 첫 번째 수(a)로 선수(先手)를 잡음으로서(비록 방어를 위한 수였지만) 좌하단 귀에서 상당한 범위의 영향력을 행사할 수 있는 기반을 구축했다고 할 수 있는 것이다.

바둑에서 두 번째 중요한 개념은 돌들간의 협동(coordination)이다. 규모가 큰 전장에서 전투력간의 협동은 대단히 중요하다. 바둑을 특정 지역에서만 영향을 끼치는 독립적인 요소들의 집합으로 보아서는 안 된다. 초보자들이 복잡하게 전개되는 대국 중에 바둑 전체를 조망하는 것은 어려운 일이다. 상대방의 돌을 잡아내려고 쫓아가다가 상대방의 돌이 다른 돌과 연결하여 펼치는 역공격에 말려들어 추적을 위해 놓았던 돌까지 포위되는 경우가 많다. 이렇듯 "바둑판의 모든 돌은 독립적인 전술적 상황 뿐 아니라 전략적인 면에서도 직접 또는 간접적으로 상호 영향을 미친다." 라는 바둑의 특징을 명심해야 한다. 그러므로 바둑 대국자들은 산개되어 있는 돌들간의 협조관계에 주의해야 하며, 어떤 지역에 놓여 있는 돌의 규모(수)보다는 상호 관계를 유지하고 있는 돌의 위치가 훨씬 더 중요하다. 그림 9의 B를 보면 흑은 돌의 수에서 백을 압도하고 있다. 그러나 백이 우상귀에 있는 돌을 활용하여 다른 백돌들과 협조된 공격을 하면 상단의 흑돌 2점을 잡을 수 있어 바둑판 한쪽귀의 반 이상을 확보할 수 있게 된다. 3개의 백돌(우상귀의 하나, 흑2개 돌의 아랫부분 2개)

중 하나만 없어도 이러한 결과는 만들어지지 않는다. 바둑은 조화의 예술(art of harmony)인 것이다.

세 번째로, 효과적인 게임진행을 위해서 경제성을 추구하는 것이 중요하다. 바둑에서 경제성이라는 것은 다른 돌들과의 관계에서 힘의 균형이라는 의미를 포함하고 있다. 전략적인 집중을 통해 승리를 달성하는 것이 가장 경제적이고 효과적인 것이라고 생각하는 서양의 군사전략과 달리 바둑의 경제성은 초반전에 과도한 집중을 피해 영향력의 밀집을 최소화 하는 데에서 시작한다. 어떤 지역에 대한 영향력을 극대화하면서 상대방의 위협을 방어하는 가장 경제적이면서 효율적인 방법은 자신의 돌들을 분산배치 하는 것이다. 그림 10의 상변에 있는 두 종류 형태의 백돌들은 서로 유사하게 보인다. 그러나 B는 영향력 확산에 의미가 없는 돌이 덧붙었기 때문에 A가 더 효율적인 포석이다. 전력증원이나 점령하고 있는 지역을 강화하기 위해 돌을 추가하는 것을 선호하는 서양의 전략과는 대조적이라는 것을 알 수 있다. 이에 대하여 바둑 연구가인 로렌스(T.E Lawrence)는 "바둑에 있어서 두 명이 함께 있는 것은 한명이 낭비되는 것이다"라고 말하였다.

경제적이고 효율적인 분산을 위해서는 상대방에게 위협을 줄 수 있거나 상대방의 연결을 차단할 수 있는 전략적 위치를 선점해야 한다. 서양의 군사교리가 인구 밀집지역이나 수도, 핵심경제시설 등에 대한 공격 및 방어를 강조하는 것과는 대조적으로 바둑에서의 핵심지점(vital point)은 상황에 따라 즉, 다른 돌들과의 관계에 따라 변화된다. 바둑판의 전개상황에 따라 중요지점도 변하고 이전에 중시되었던 돌이나 지역

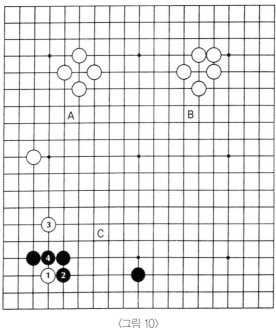

〈그림 10〉

이 그 가치를 상실하고 심지어 희생되기도 한다.

바둑의 고수들은 대국이 진행되면서 지속적으로 상황 및 핵심지점을 재평가한다. 그들이 일부 돌이나 지역을 희생시키는 것은 다른 지역에서 보다 큰 이익을 창출하기 위한 고급전략이다. 그림 10의 C를 예로 들면, 백 1은 "정찰"을 위한 수이다. 1에서 4까지의 절차대로 진행되면 좌하귀의 백 "1"은 죽게 되나, 이는 전체적으로 더 큰 이득을 얻게 해주는 수가 된다. 왜냐하면 백은 선수를 유지하면서 백 3을 착수함으로 흑의 영향력을 축소시키고 좌변에서 백의 세력을 굳힐 수 있기 때문이다.

바둑의 의사결정과정을 어떤 이론으로 완전히 설명하는 것은 거의 불가능하다. 미니맥스(minimax)[5] 전략으로서의 바둑의 전략은 지속적으로 변하고 발전되어져왔다. 그 예로서 1920년대에 우칭얀(Woo ching yuan)은 기존의 전통적인 바둑전략과 다르게 최초부터 바둑판의 중앙 지역에 대한 영향력 확보를 중시하기도 했다. 이렇듯 바둑의 원리를 완벽하게 설명할 수 있는 이론은 없는 것 같다.

---

5) 이익을 극대화하기보다는 손실을 최소화 하는 전략

바둑과 중국 공산당 혁명

- 투쟁 형태
- 편, 진영
- 작전지역
- 전투력
- 영토획득의 목표
- 전략 정보

바둑과 중국 공산당 혁명

이번 장에서는 중국 공산당 전략과 바둑전략간의 유사점을 분석할 것이다. 두 전략간의 유사성은 그저 직관적으로 인식되는 것이므로 이해를 쉽게 하기 위해서는 간단하고 명백한 유사점만을 부각시켜 분석하는 것이 현명한 방법일 것이다. 또한, 이 장에서 다루는 논의의 중점은 1927년부터 1949년 간의 중국에서의 사례로 한정되어질 것이다.

복잡한 정도를 비교하면 두사람간의 게임인 바둑에 비해 수많은 시간, 공간, 사건이 녹아있는 중국 공산혁명 과정이 훨씬 더 복잡하다. 이렇게 다른 두 과정에 모두 적용될 수 있는 유사점을 찾는다는 것은 매우 어려운 작업이다. 따라서 단순함과 융통성이라는 바둑의 특징과 중국 공산당 혁명의 복잡성을 연관시켜 분석하기 위해서는 바둑의 구조를 어느 정도 일반화하는 작업이 필요하다. 예를 들어, 바둑은 기본적으로 두 명의 기사가 참여하는 게임이나 1927-49년 사이 중국 공산혁명은 공산당, 국민당, 일본군, 군벌(軍閥) 및 많은 파벌들 간의 투쟁이었다. 그러므로 바둑의 전략을 중국 혁명전략과 비교하기 위해서는 굳이 두사람간의 게임이라는 원칙에 구속받을 필요는 없다. 바둑의 전략에 내포되어 있는 필수적이고 중요한 개념들은 꼭 두사람간의 게임에만 적용되는 것은 아니기 때문이다.[1] 비교분석을 용이하게 하기 위해서 우리는 2인용 게임이라는 바둑의 규칙을 다자간의 게임으로 확대 적용하는 방안을 시도할 것이다.

투쟁 형태

바둑과 중국 공산혁명이 모두 상호 갈등관계를 전제로 하고 있다는 점과 게임과 사건의 진행과정이 비슷하다는 점에서 유사점을 찾을 수 있다. 중국 공산혁명 과정을 살펴보면 혁명은 상호 연관되어 있으면서 구조적으로 다른 두 가지 형태의 투쟁이 결합된 것으로 볼 수 있다. 그 것은 영토 확보를 위한 지리적 투쟁(Geographic level conflict)과 인적 자원 확보를 위한 정치적 투쟁(Human level conflict)이며 이 두 가지 투쟁 형태는 모두 군사작전과 긴밀하게 연관되어 있다. 분석을 용이하게 하기 위해 바둑과 중국 공산혁명과의 유사점을 "바둑과 군사작전과의 유사점" 그리고 "바둑과 정치활동간의 유사점"으로 구분하여 분석하

---

[1] 실제로 서양에서는 바둑을 4인 게임으로 즐기기도 했다.

도록 하자.

바둑과 군사적 투쟁 양상의 유사점들은 혁명과정의 전투 상황에 적용
될 수 있다. 중국 공산당이 1946년부터 1948까지 만주에서 국민당군을
상대로 벌였던 군사작전 등을 그 예로 들 수 있으며 이는 중국 공산혁명
이라는 전체 게임을 구성하는 독립적인 하위게임(Subgame)이라고 할
수 있다. 특정한 군사작전 또는 정치적 행위가 전체 전략에 중요한 영향
을 미치는 경우 또는 동시에 실시된 다른 작전의 일부가 아닌 독립적인
전략을 바탕으로 수행된 경우 독립적 하위게임(Independent
Subgame)으로 간주하도록 하자. 이러한 가정하에 제5장에서는 주요
한 독립적 하위게임인 만주지역전투, 회하전투시에 적용된 바둑전략
을 상세히 분석한다. 이 부분에서 중요한 것은 바로 "전략"에 초점을
맞추어 분석하는 것이다. 바둑과 중국 공산당 혁명을 전술적인 측면에
서 비교하여 분석하게 되면 논리성을 잃을 수 있다. 예를 들면, 작전부
대는 기동을 할 수 있지만 바둑돌은 움직일 수 없다. 이러한 점은 바둑
과 군사작전을 전술적인 수준에서 비교하는 것이 난해하다는 점을 보
여준다.

편, 진영 (陣營,The Sides)

혁명과정에서 발생하는 모든 게임은 서로 경쟁하고 때론 협동하는 수
많은 정치적 이해관계에 의해 수행되었다. 동일한 정치적, 개인적 목적
에 의해 형성된 개인들의 집합은 바둑에서 같은 편으로 상정될 수 있을
것이다. 그러나 바둑에서의 한 팀은 백이면 백, 흑이면 흑 단일하게 구성

된 반면, 1927~1949년 동안 중국 혁명에 가담한 세력들은 내부적 동질성이 부족한 경우가 많았다.[2] 또한 당시 군벌들과 그들에게 충성한 예하 군벌들 간에도 동일한 문제가 있었다. (군벌들의 난립과 그들의 기회주의적인 행동으로 인한 결과였다.) 따라서 바둑의 한편[흑, 백]으로 볼 수 있는 집단을 구분하는 것은 개략적인 판단에 따를 수밖에 없다. 예를 들면 1946~1949년간 중국 내전 당시 국민당 지휘관들이 명목상 협조만 내세웠을 뿐 실제로 상호 협조하지 않았던 사례가 빈번하였다. 그러나 본서에서는 편의상 이들 지휘관들과 그 부대들을 전체적으로 국민당이라 분류할 것이다. 이와 같이 어느 쪽에 소속되는가의 문제는 획일적으로 구분하기 힘들기 때문에 여러 가지 정황을 고려해서 구분해야 한다.

작전지역

혁명과정의 하위게임들은 군사적 또는 정치적으로 한정된 적용 범위를 갖는 각각의 게임판 위에서 진행된다. 군사적 게임의 작전지역(지리적 바둑판)은 지형, 강, 계곡, 지방정부 등 지리적, 물리적인 공간으로 구성되며, 정치적 게임의 범위(인적(人的) 바둑판)는 작전지역내의 인적자원으로 구성된다고 볼 수 있다.

1927-1949년간 중국 공산당 혁명과정을 크게 조망해보면, 군사적 바둑판은 중국전역의 18개성이었으며, 정치적 바둑판은 곧 중국내의 인민

---

2) 국민당의 예를 들면 이 시기에 장개석에게 개인적인 충성을 다짐한 경우가 아니면 국민당원이라고 정의하기 어려운 경우가 많았다.

들이었다. 이러한 바둑판 아래에는 군사적, 정치적 소(小) 사건들이 진행된 하위단계의 바둑판들이 있었다.

혁명에 있어서 바둑판의 경계는 자연적인 기준과 인공적인 기준으로, 또는 두 기준을 혼용하여 나눌 수 있다. 자연적 기준은 자연적 장애물, 언어 인종적 차이 등이며 인공적 기준은 군사지역, 행정경계 등의 요소로 구성된다. 예를 들면, 중국은 하나의 거대한 자연적인 바둑판이다. 동쪽으로는 태평양이, 서쪽과 남쪽으로는 히말라야 산맥과 그 지맥들이 막고 있으며, 북으로는 사막과 다른 자연적 장애물이 경계를 이루고 있다. 또한 역사적 전통과 문자는 중국을 자연적으로 하나의 인적(人的) 바둑판으로 구분시켜주는 요소들이다. 이와 달리, 베트남은 인공적 경계로 구성되었다. 1960년대에 라오스(Laos)와 캄보디아(Cambodia)로 공산당 세력이 침투한 과정에서 알 수 있듯이 베트남의 국경지역은 개방되어 있었고 상당히 유동적이었다. 또한 인구구성에서 베트남인들과 베트남 남부 고지대 정착민, 불교도와 가톨릭교도 등으로 복잡하게 구성되어 있어서 심리적으로나 문화적으로나 그 통합은 더욱 어려운 상태에 있었다.

정치적 투쟁이 이루어지는 인적 바둑판을 분석해보자. 바둑판은 개인 또는 개인의 연결로 해석되어지는 [점]들로 구성되어 있다. 바둑에서의 [점]은 그 자체로 의미를 갖는 것이 아니라 교점에 놓인 돌들이 상호 연계하여 어떤 구조(집, 포위망, 연결을 위한 포석 등)를 형성할 때 의미가 있는 것이다. 즉 인적 바둑판에서는 [점]에 놓인 돌들이 상호작용하여 인적 네트웍(人的 Network)을 형성하고 인적 바둑판내의 일정 지역(인적

자원)을 확보할 때 의미를 갖는 것이다. 인적자원을 확보해 나가는 정치적 행위와 바둑게임간의 유사점을 비교함에 있어서 주의해야할 바둑의 한 가지 특징은 바둑판의 귀와 변으로부터 어떤 [점]까지의 거리가 갖는 의미를 파악하는 것이다. 귀와 변에서는 바둑판의 중앙보다 훨씬 수월하게 집을 지을 수 있고 견고한 거점(居點)을 만들 수 있다. 이렇듯 바둑에서는 귀와 변의 장악이 전략적으로 중요하므로 이러한 개념과 중국 공산혁명간 수행된 개념(전략)간의 유사성을 찾아보는 것이 중요하다.

인적 바둑판의 [점]들은 사회, 경제적 조직체를 의미한다고 가정하자. 이런 가정에 근거할 때 특정한 [점]이 갖는 바둑판의 가장자리로부터의 거리는 교점이 상징하는 개인 또는 집단의 사회적 위상, 경제적 특권과 비례한다고 볼 수 있다.[3] 이러한 방식을 통해 바둑전략의 개념을 모택동 전략에 적용할 수 있다. 결론적으로 우리는 바둑에서 「귀와 변」, [점]의 역할과 모택동 혁명에서의 주요행위자(엘리트)와 대중의 역할을 비교분석함으로써 우리가 내린 가정의 적합성을 판단할 수 있다.

전투력

바둑판에 놓이는 돌은 인적자원 면에서 보면 체계적인 정치적 활동을 수행하는 사람 또는 집단이며 지리적(군사적)면에서 보면 군사적 또는

---

3) 매우 중요한 가정이다. 이가정을 통해 바둑판의 귀와 변의 점들은 농민 등 하급계급을 상징하고 중앙에 가까운 점들은 사회적 지위를 갖춘 계급을 상징하게 된다.

준군사적 능력을 보유하고 물리적 강압을 행사할 수 있는 개인 또는 개인의 집합으로 해석될 수 있다. 군사적 관점에서 볼 때 각각의 돌은 군부대로, 돌들의 집합은 조직화된 군대로 표현할 수 있다. 그러나 보다 명확한 분석을 위하여 바둑에서 양측의 돌의 수가 비슷하게 유지되는 것처럼 지리적(군사적) 바둑판에서도 양측의 돌의 수를 어느 정도 평균값으로 유지시켜가며 분석해야할 필요가 있다. 너무 많은 수의 돌은 바둑전략에 의한 분석을 불가능하게 만들 수 있고, 너무 적은 수는 과도하게 단순화되어 신뢰성이 떨어지는 분석결과를 도출할 수 있기 때문이다. 또한 군사 정치적 돌들이 갖는 중요도가 다르기 때문에 돌들이 게임에 기여하는 정도를 기준으로 각 돌들의 가치를 구분해야 한다.

공산혁명과정에서 군사 정치적 돌들은 두 가지의 상이한 방식을 통해 바둑판위에 놓여졌다. 첫 번째 방식은 놓인 돌들을 더욱 강화하기 위해서 또는 작전을 지속하기 위해 새로운 돌을 놓아 전력을 강화해나가는 형태이다. 이러한 방법은 바둑의 전형적인 진행방법이라 할 수 있다. 또 다른 방식은 전진, 후퇴 등 단계적 기동을 통해서 목표한 전략을 달성하는 형태의 방식이다. 바둑에서의 전진은 상대진영을 향해 돌을 놓아가는 것이며 후퇴는 상대진영과 반대방향으로 물러나면서 돌을 놓는 것이다. 바둑의 이러한 특징(돌 자체가 움직이는 것이 아니고 돌이 더해지면서 세력을 형성하는 것)으로 인해 대국자는 진행을 차분하게 판단할 수 있으며 급격한 전세의 변화를 달성하기 보다는 정적이면서 동시에 동적인 전략을 지속적으로 수행하는 것을 선호한다. 그렇기 때문에 바둑에서는 현실에서보다 기동성의 중요성이 많이 감소되어 있다고 볼 수도 있다.기동성에 대한 보충설명을 위해 바둑에 관한 책의 일부를 소개한다.

초기 착수를 하고난 후 그 돌의 영향력과 가치는 기동성이라는 관점에서 해석할 필요가 있다. 귀에서 한 돌의 활로는 하나 또는 두개다. 변에서의 활로는 둘이나 셋이고 중앙에서의 활로는 네 방향 모두다. 중앙에 있는 돌은 귀나 변에 흩어져 있는 돌들에 의해 활로를 차단당하지 않기 때문에 중앙에서 더 큰 기동성을 가지고 있다고 할 수 있다.

위의 주장은 바둑에서 귀와 변을 우선시하는 전략(edge-oriented strategy)과 상반되는 내용이기도 하지만 모택동이 전선 후방에서 유격부대 활동(기동성)을 강조했다는 사실에서 위 주장의 타당성을 확인할 수 있다.

영토획득의 목표

바둑에서 영토를 획득하는(집을 짓는)것은 혁명전략의 정치적인 면에서 볼 때 특정 인물 또는 계층에게 영향력을 행사하여 자기편에 대한 지지를 얻는 것이며 군사적인 면에서 볼 때는 영토를 직접적으로 통제하는 것으로 해석할 수 있다. 정치적인 면에서 상대방의 돌을 따내는 이유는 상대방이 자신의 세력에게 미치는 영향력(시간이 지남에 따라 더 커질 수도 있는)을 사전에 제거하기 위한 것이다. 상대방에 대한 압력수단은 뇌물, 물리적인 압박 또는 정치적인 선전선동 등이 될 수 있다. 군사적 측면에서 포위는 상대방 돌의 파괴 즉, 물리적인 섬멸로 정의될 수 있으며 상대방의 약화된 조직을 집요하게 공격함으로 스스로 와해하게 만드는 것도 군사적인 포위라고 할 수 있다. 또한, 항복(surrender)이라는 의미는 바둑의 종국에 사석을 제거하고 자신의 패배를 확인하는 과정과 비교될 수 있다. 그러나 바둑에서 상대방의 사석(死石)을 과도하게 포위 하여 전투력을 낭비하는 것은 피해야한다.

지금까지 논의된 개념은 잘 알려진 비정규전 용어에서 찾을 수 있다. 예를 들면 정치적인 면에서 영토를 획득한다는 것은 l'action psychologique(행동심리)라는 프랑스어 단어에서 보듯이, 아군 또는 중 립적인 전투력이 어떤 정치적인 행동을 하도록 만드는 것이라고 정의될 수 있다. 이러한 "영토를 획득하는 행동"은 반대편의 지지세력 및 기반 을 정치적으로 견제하기 위한 단순한 la guerre psychologuque (전쟁 심리)의 표출인 "돌을 잡아내는 행동"과 분명하게 구분되어진다.

마지막으로, 처음에 언급한 것처럼 군대는 정치적인 영역의 관점에서 다루어져야 하고 그 반대도 마찬가지다. 군대는 정치적 수단에 의해 공 격당하기도 하며, 반대로 정치적 돌이나 땅은 군사적인 수단에 의해 포 위되거나 잡힐 수 있다. 이 같은 상호관계는 중국 공산당의 혁명전략을 이해하기 위해 중요한 요소이다.

전략 정보(Strategic Information)

우리는 지금까지 바둑과 공산혁명간의 유사성을 밝히는 과정을 통해 서 편, 기동력, 집짓기 목표 등 전략을 구성하는 고전적인 요소에 대하여 논의하였다. 그러나 그런 고전적인 요소를 뛰어넘어 사회과학의 게임이론에서 중시되는 게임 참여자의 정보 획득방법에 대해 논의해 보는 것도 가치 있는 일일 것이다.

게임이론가들은 바둑을 "완전한 정보가 주어지는 게임"으로 분류한다. 이것은 각 대국자가 매차례마다 이전에 실시된 모든 돌의 움직임을 알고 게임정황을 이해할 수 있다는 의미이다. 그러나 군사 및 정치적 대립상황에서 어느 한편이 상대편 구성원의 능력, 활동에 대한 완벽한 정보를 획득한다는 것은 불가능하다. 심지어 자신의 소속부대나 자원에 대한 정확한 정보를 얻는 것조차 불가능한 것이 현실이다.

그러나 이러한 일반적인 사실에만 얽메인다면 실제 사건에 대한 심층 깊은 해석을 도출할 수 없다. 모택동 혁명전략의 몇가지 특징을 살펴보면 전략정보에 대한 바둑과 혁명전쟁간의 차이가 그리 크지 않다는 것을 알 수 있다. 모택동전략을 바둑으로 해석하는데 있어서 깊이 고려해야 할 것은 공산당 전략가들의 전략정보에 대한 개념이다. 모택동이 제시한 혁명모델에 따르면 혁명을 수행하는 편의 주체인 정치지도자 및 지휘관들은 획득한 모든 정보를 항시 상호 공유해야 했다. 모택동은 공산당의 정보수집을 위한 노력을 다음과 같은 회화적인 표현을 통해 설명하였다.

적은 불이 밝혀진 무대 중앙에 서있으며, 그를 둘러싸고 있는 어둠속에는 수천 개의 예리한 눈이 그의 모든 움직임을 지켜보고 있다.

이러한 중국 공산당의 정보수집 및 공유에 대한 개념은 다소 규범적으로 보인다. 하지만 중국과 베트남 공산혁명의 경우 공산군은 실제로 상대방에 대한 거의 대부분의 정보를 획득하며 전쟁을 수행하였다. 중국 공산당은 초기를 제외하고 상당한 범위에 걸쳐 전략정보를 수집/분석하였다. 이를 살펴보면 당시 그들의 정보상황은 바둑에 있어서의 정보조건과 크게 다르지 않았음을 알 수 있다.

개 요	바 둑	중국 공산혁명	
		군사적 게임	정치적 게임
분쟁 체계	바둑 대국	군사작전	비폭력 전략행동
행위자	세력(흑 또는 백)	정치군사적 세력	
분쟁 영역	바둑판	작전 대상 지역	해당 지역내 인민
분쟁영역의 경계	바둑판의 경계	자연적 또는 행정적 구분	
분쟁영역의 단위	[점]	지리적 영역	개인 또는 그룹
분쟁영역 경계로부터의 거리	바둑판의 변 또는 귀로부터의 거리	지형의 특성에 따른 기동성의 정도	사회적, 경제적 소외계층으로부터 이격 정도
세력 단위	돌	각개병사 또는 단위부대	공산당 기간요원, 핵심 정치가(들)
목 표	「집」과 영향력 확보	지리적 영토, 거점 확보	각 편의 비주류 인민의 지지 획득
전력의 소멸	상대의 돌을 따냄	적 부대를 완전히 섬멸	적대세력의 전향 또는 제거

〈표 2〉 바둑과 혁명의 비교

강서성(江西省) 시기

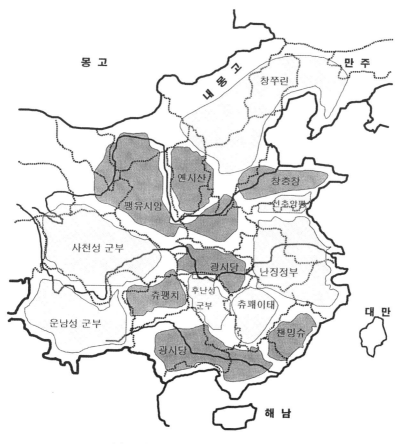

제3장

강서성(江西省) 시기

<지 도 2> 1927년 당시 중국내 군벌 현황

기본적으로 바둑은 유리한 위치를 차지하기 위해 경쟁하는 게임이다. 바둑의 전략개념을 공산당 혁명에 적용하기 위해서는 바둑판에서 유리한 위치에 돌을 놓는 원칙(귀에서 시작해서 변으로 이후 중앙으로 진출하는 것)을 먼저 이해해야 한다. 이번 장의 핵심은 이러한 위치선정의 원칙이 중국 공산당과 반공산당 세력의 전략적 행동에 적용된 사례를 분석하는 것이다. 논점의 시작은 중국 공산당의 홍군(紅軍)이 탄생되고 공산혁명의 시발점이 되었다고 여겨지는 1927년부터이다. 물론 그 이전인

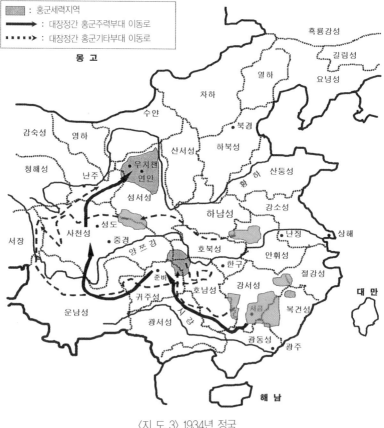

〈지 도 3〉 1934년 정국

1921년 이래로 중국 공산당은 계속 존재했었지만 당시 공산당의 활동은 미약했으며, 강력한 조직과 혁명 기지를 설립하기에는 역부족이었다.

본 연구에서 다루는 중국 공산혁명의 첫 번째 전략적 단계는 1927년에서 1935년까지의 상황이다. 이 기간에 중국 공산당의 핵심거점은 강서성의 서금(瑞金, Juichin)에 위치하고 있었기 때문에, 이시기를 보통 "강서성 시기"라고 부른다. 본 연구의 목적은 문화, 정치, 군사사적인 면보다는 전략적 분석에 있으므로, 근대 중국사에 대해서는 간략하게 중요한 사건들의 흐름만을 알아보도록 한다. 이 시기의 중국은 지역주의, 파벌주의와 정치에 대한 불신풍조가 팽배하던 시기이며 청조 말기 혼란 속에 이름뿐인 정부가 존재하던 시기였다. 이 단계의 초기에 해당되는 1927년은 수많은 군벌들이 자신의 이익을 추구하던 시기였다. 한 군벌은 만주지역을 장악하고, 또 다른 군벌은 산서(山西, Shansi)지역을 지배하는 등 혼란스러운 정국이었다. (지도 2 참고) 당시 중국에서 반공산주의 군벌 중 가장 세력이 컸던 것은 장개석이 이끄는 국민당이었다. 1926부터 1927년 사이에 국민당군은 북벌(Northern Expedition)을 통해 그들의 영향권을 중국남부의 광주(廣州, 광저우)로부터 중국북부까지 확대하였다. 북벌 초기에 장개석은 제 1차 국공합작을 통하여 공산당과 동맹을 맺었으나 1927년 봄에 공산당과 단절을 선언하고 그 후 6개월간 공산당 숙청작업을 실시하였다.

제 1차 국공합작이 결렬되자 그나마 세력이 미약했던 공산당은 더 분산될 수밖에 없었다. 공산당 중앙위원회는 상하이 지하기지에 은둔하면서 프

롤레타리아 혁명을 촉구하는 국제공산당 지령을 따르게 된다.[1] 그러나 모택동과 주덕이 지휘하는 다른 공산당 세력은 중국 남서부의 권력공백 지역 내 산악지역에 혁명기지[2]를 구축하였다. 그리고 후세에 "모택동 사상"이라고 불리는 비전통적 방식의 정치군사적 활동을 성공적으로 전개해 나갔다. 그러나 공산당 내부의 정책방향에 대한 불일치는 강서성 시기 내내, 공산당 중앙위원회가 강서성으로 옮긴 1932년 이후로도 계속되었다.

1927년 이후 8년간 중국의 정치군사적 상황은 1927년의 정세변화에서 시작되었다. 국민당은 특정 군벌과는 타협을 하고 다른 군벌과는 전쟁을 하는 방법으로 중국 전역으로 세력을 확대해 나갔다. 결국 1935년 장개석군은 중국 대부분에 걸쳐 권력을 장악하게 된다. 같은 시기에 다양한 소비에트[3] 혁명 기지들이 전국 각지에 설립되었다. (지도 3 참조) 이러한 혁명 기지들은 공산당을 큰 위협으로 간주했던 군벌들과 국민당으로부터 계속적인 공격을 받았다. 나중에 자세히 분석하겠지만, 당시 공산주의자들은 바둑 원칙에 위배되는 잘못된 전략을 구사함으로써 1935년 국민당에 의해 강서성내 주요 공산당 거점이 소탕 당하고 말았다. 이에 따라 중국 내 공산주의자들의 근거지가 붕괴되었으며, 그 후 중국

---

1) 공산당은 무력으로 농촌 토지혁명을 이끌기 위해 1927년 8월 1일 남창에서 폭동을 일으켰으나 국민당군대의 포위로 실패한다. 이어 계급갈등을 이용해 호북, 하남, 섬서 등지에서 추수폭동을 일으켰으나 다시 실패로 돌아간다. 살아남은 공산당원들은 농촌지역으로 들어가 근거지 확보를 시도하였다.

2) 정강산(井崗山) 근거지

3) 원래 소비에트라는 말은 평의회·대표자회의를 의미하는 러시아어였지만, 러시아혁명 때에 자연발생적으로 노동자·군대·농민 대의원 소비에트가 형성된 후로부터 특수한 의미를 가지게 되었고, 마침내 국가제도로 확대되어 갔다.

남동부로부터 북서부의 새 혁명기지로 이동하였던 대장정(大長征)을 끝으로 강서성 시기는 막을 내리고 새로운 혁명 전략의 시기가 시작되었다.

1927년 중국 : 전략(戰略)과 지정학(地政學)

강서성 시기에 중국전역에서 활동한 수많은 파벌들을 바둑에 참가한 기사(棋士)로 가정하자. 이들의 목표는 지리 및 인적영토를 확보(통제)하는 것과 상대방의 정치군사적 세력[돌]을 제거시키는 것이었다. 1927년을 기준으로 볼 때 국민당이 점차 상대방(주요 군벌)과 동맹을 형성하거나 섬멸시켜 나가면서 대국에 참가하는 기사들의 수는 감소해갔다. 1927년 당시 어떠한 기사도 인적 · 지리적 바둑판의 영역을 완전히 장악하지 못하였으나, 각자의 지역에서 나름대로 영향력을 확보하고 있었다. 1927년 당시 중국 공산당의 경쟁대상자들은 접바둑[4]에서 자신의 돌을 미리 깔아 놓은 "흑돌을 잡은 기사"들로 해석할 수 있으며, 중국 공산당은 깔아 놓은 돌(치석) 없이 대국에 임하는 "백돌을 잡은 기사"로 비유될 수 있다.

치석을 가진 기사의 수는 많았지만 추구하려는 이익이 유사했기 때문에 그들의 전략은 비슷한 양상을 보였다. 정치적인 면에서 반공산주의자들은 그들이 보유한 대부분의 돌을 사회, 경제, 정치적 엘리트층을 겨냥

---

4) 실력차이가 나는 두기사가 바둑을 둘 때 흑을 잡은 편이 바둑판에 몇 점(1~13개)의 돌을 미리 깔고 시작하는 바둑 형태

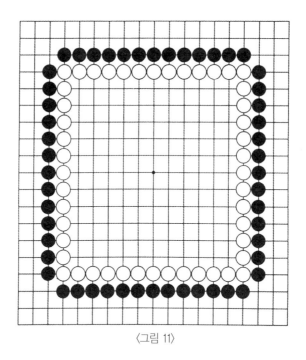

〈그림 11〉

한 곳에 놓았다. 반면에 적극적인 정치참여나 조직적인 지지를 기대하기 힘들었던 일반대중을 겨냥한 수는 거의 없었다. 사회경제적 중심세력과 바둑판의 어복(魚腹)이 서로 상응한다고 가정하면 이러한 상황은 접바둑의 초기 양상과 비슷하다. 국민당 엘리트들이 대다수 민중에 대해 정치군사적으로 우위를 점하고 있는 1927년 상황은 접바둑 초기에 여러 화점에 치석을 놓은 편이 넓은 영향력을 행사하고 있는 상황과 유사하다. 그러나 치석은 통상 화점(모두 바둑 가장자리로부터 4칸 이상 떨어진 곳에 위치하고 있음)에 놓이므로 바둑판의 제 4 선(세력선 또는 싸움이 주로 벌어지는 선이라고도 한다.) 보다 더 바깥에 놓이지 않는다. 그림 11을 보면 소위 4-4점(각 귀에 화점이 있는 위치)에 놓인 돌들만으로는 바둑판의 귀와 변을 장악하지 못한다는 것을 알 수 있다. 화점은 본래 바둑판 중앙, 즉 어복(魚腹)으로의 진출이 용이한 지점이기 때문이다.

이러한 반공산당세력의 정치적 전략은 그들이 우세를 점하고 있던 1927년 당시뿐아니라 1949년에 이르기까지 그들의 행동방식에 영향을 미쳤다. 그 전략을 이해하기 위해서 당시 사회학적 배경에 대하여 자세히 고찰해볼 필요가 있다. 일반적으로 반공산주의자들은 엘리트 중심적이었다. 군벌들과 국민당원들, 그리고 지방의 권력자들은 평범한 농민들의 참여가 불가능한 폐쇄된 투쟁체제 속에서 경쟁을 했다. 그들은 각자의 치석을 가지고 인적 바둑판의 사회 경제적 중심에서 자신의 영토와 영향력을 강화하기 위하여 분투했다. 그 과정에서 끊임없는 변절과 동맹이 이루어졌고, 그들에게는 가난하고 무능한 일반 민중의 지원보다 영향력 있는 지방 권력자의 정치적 경제적 지원이 훨씬 더 중요했다.

반공산당세력이 인적 바둑판의 중앙지역 획득에만 관심을 두고 가장자리[귀나 변]에 위치하고 있는 일반 민중들에 대해 무관심했던 것은 바둑의 원칙으로 보면, 두 가지 이유에서 잘못된 전략이었다. 첫째로 인적 바둑판의 규모면에서 엘리트들은 그리 중요한 세력이 아니었다. 산업화가 이루어지지 않은 국가의 공통된 현상이지만, 중산계급(모택동이 부르주아라고 언급한 계급) 역시 상대적인 소수 그룹이었다. 바둑은 바둑판 위의 어떤 특정위치가 아닌, 전체에서 획득한 집(영토)의 양에 의해서 승패가 좌우되는 게임이다. 그림 11을 보면 중앙을 장악한 백의 집이 훨씬 많아 보이지만 사실은 그렇지 않다. 중앙을 장악한 백은 총 121개의 집을 차지했지만 귀와 변을 차지한 흑은 총 140개의 집을 획득한 것을 알 수 있다. 그러므로 바둑의 고수들은 언제나 귀와 변에서 공방전을 시작하기 마련이다.

중국에서 인적 바둑판의 중앙지역은 국민당뿐 아니라 다른 기사들에게도 중앙 지역이었다 (서로 인맥 쟁탈전을 벌였다는 의미이다(역자주)). 기회주의가 만연하면서 엘리트 계층과 중산계급의 정치적 충성심을 확보하고 유지하기가 매우 힘들어졌다. 그림 12에서 투입된 돌의 수와 그로인해 얻어지는 영토(집)의 수를 비교해 보면, 중앙에서는 12 대 9, 변에서는 9 대 9가 되나 귀에서는 6개의 돌만으로 9개의 집을 확보할 수 있다는 것을 알 수 있다. 이러한 이익으로 인해 기사는 당연히 귀와 변을 중시하게 되는 것이다.

국민당 세력이 인적 바둑판의 중앙을 지향하고 있었을 때 그 외의 경쟁자들, 특히 당시 군벌들도 지리적 바둑판의 어복인 도시, 평야, 교통의 요충지 등의 확보에 힘을 집중하고 있었다. 그에 따라 농촌(변방)지역에 대한 그들의 영향력은 더욱 약해져갔다. 반공산주의자들의 관심은 해당 지역이 재화의 공급원으로서 얼마만큼의 가치를 갖고 있는가에 집중되었다. 그들은 변방지역에서의 세금거출을 위한 군사적 주도권을 충분히 가지고 있었던 시기에도 정규군의 주둔, 타 군벌세력의 제거, 효과적인 행정과 같은 건설적인 통제방법들을 소홀히 여겼다. 공산혁명의 초기 단계에서 국민당을 포함한 반공산당세력은 자신들의 영향권 하에 있었던 지역을 더욱 확고히 통제하기위해 필요했던 안정적인 군사적 통제와 행정체계를 수립 하는데 실패하였다. 공산주의자들이 농촌이라는 거대한 지역에 상대적으로 수월하게 혁명기지를 개척할 수 있었던 것과 대비되는 사실이다.

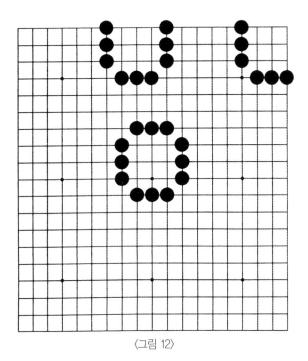

〈그림 12〉

　공산주의자들에게 적대적이었던 군벌들이 바둑판의 중앙지역으로 접근하는 전략을 쓴 것은 그들의 정치적 목적과 욕심 때문이었다. 국민당 군에게도 역시 동일하게 적용되는 내용이지만, 군벌들의 존립 여부는 재원 수입의 안정성에 달려있었다. 재원은 세금징수나 약탈을 통해서 이루어졌기 때문에 부유한 지역을 더 많이 확보하기 위해 노력했으며, 이러한 노력을 통해 당연히 세력도 확장되었다. 중국 내에서 가장 부유한 지역은 우리가 지리적 바둑판의 중앙지역이라고 정의한 곳으로, 큰 강의 유역, 도시, 철도, 곡창지대 들이다. 혼란스러웠던 이 시기에도 그러한 지역들을 장악한다는 것은 명성과 세력을 얻고 또 자연적으로 정치적 거래에 있어 유리한 위치를 선점한다는 것을 의미했다. 결국, 바둑 대국에 참가한 세력들은 거의 동일한 군사전략을 수행할 수밖에 없었으며, 바둑판의 중앙지역내에서도 경제적으로 낙후된 지역들은 중앙지역의 정치경제적 가치와 비교할 때 거의 주목을 받지 못했다.

바둑의 관점에서 볼 때, 위에 언급한 내용은 초보자가 대국을 시작하자마자 바둑판의 중앙에서 확실한 집(영토)을 얻기 위하여 노력하는 형국과 유사하다. 이러한 초보자의 전략으로는 상대세력의 정치적 목적달성을 저지하기도, 자신의 안정된 거점을 구축하는 것도 어렵다. 앞에서 언급했듯이 중앙지역에서 얻을 수 있는 집은 바둑판의 귀나 변에서 만들 수 있는 집에 비해 적기 때문에 중앙지역에서 현저하게 많은 양의 영토를 확보한다는 것은 대단히 어렵다. 군사전략으로 풀어 설명해보면, A라는 세력이 주요도시들과 그 도시를 연결하는 접근로(도로와 철도)등 몇 개의 중요 지점에 대해 절대적인 통제권을 확보한다 해도 그 지점의 주변지역(바둑에 비유하면 가장자리 지역)을 장악하지 못하여 잠재적인 적대세력이 그 지역에 존재한다면 A는 결과적으로 위태롭고 불안정한 상태에 놓이게 될 수밖에 없다는 것이다. 국민당군과 일본군은 공산주의자를 상대로 한 작전에서 막대한 피해를 입고 나서야 이러한 원리(개념)를 알게 되었다. 게다가, 도시와 산업지역이 바둑판의 중앙지역이라고 가정한다면, 이 시기동안 중국 내 주변지역과 중앙지역 넓이의 비율은 무려 수백 대 1에 달했다.

중국의 중앙을 장악하는 것이 궁극적인 목표가 되고, 성공한 작전이라고 판단하는 것은 마치 바둑에서 중앙지역을 장악하면 승리를 거둘 수 있다고 착각하는 것과 같다. 예를 들면, 중국의 핵심경제지대인 황하유역, 중국남부의 서강유역(West River Valley), 동부의 사천성(四川省,

Szechwan) 지방(지도 1 참고)이 지리적 바둑판의 핵심지역이라고 생각하는 것은 바둑판의 가장자리에서 6선 이상 떨어진 위치가 핵심지역이라고 생각하는 것과 같다.[5]

요약해 보면, 중국 공산혁명 초기의 양상은 접바둑의 초반전과 유사했다. 어복지향적인 행마법을 구사한 국민당과 군벌들은 바둑판 전체에 걸쳐 영향력을 행사하려고 노력했으나 결과적으로 제한된 지역만을 장악할 수 있었을 뿐이었다. 공산주의자들이 겨루었던 상대 기사(국민당 등)들은 바둑의 초보자가 범하는 전형적인 실수를 범하였으며 그러한 전략상의 실수는 고수에게 역이용 당할 수 있었다. 당시의 이러한 정치적 상황은 한 빼어난 바둑전략가의 출현을 준비하고 있었다.

1927년 중국 공산당

1927년 당시의 중국 공산당은 접바둑을 시작하는 백의 상황 보다는 다소 유리한 상황에 있었다. 공산당은 국민당의 숙청작업에 의하여 많은 피해를 입었지만 중국중부 농민조합 등에 정치적 영향력을 행사하고 있었고 중국전역에 소규모의 군사 및 준군사조직들을 보유하고 있었다. 그러나 이러한 이점들은 중국전역에서 정치군사적 바둑판을 장악한다는 중국 공산당의 최종목표를 고려할 때 미약한 수준이었으므로 1927년의

---

5) 바둑에서는 가장자리에서 4선 이상 떨어진 곳을 모두 장악해도 나머지 가장자리 집의 수보다 적게 된다(그림 11참조). 저자는 경제지대의 장악이 승리의 요건이 아니었음을 역설적으로 강조하고 있다(역자 주).

중국 공산당 상황은 핸티캡을 안고 싸우는 접바둑의 초기단계와 별반 다를 것이 없었다. 게다가 당시 공산당 지도부는 접바둑에서 백을 잡은 기사에게 필수조건이라 할 수 있는 전략적 식견 면에서 상대방에 비해 그리 뛰어나지 못했다. 바둑 전략면에서 볼 때 국민당의 전략은 많은 문제를 안고 있었지만 국민당 지도부에 의해 효과적으로 구사되어 질때도 많았다. 그러므로 이시기에 중국 공산당은 공산당 존속을 위해 필사적인 노력을 해야했고, 동시에 혁명완수를 위한 효율적인 구조로의 변화를 요구하는 강한 시대적 압력에 직면하고 있었다.

이런 시기에 많은 공산주의 지도자들이 지도부가 직면한 많은 문제에 대하여 매우 다르고 서로 상반된 해법을 제시한 것은 당연한 일이었다. 서양학자들은 당시의 그러한 이견과 원칙들이 지녔던 모호한 상호관계를 분석하기 위해 각 개인이 주창한 사상과 해법을 일대기 형식으로 정리하고 연구하는 노력을 하기도 한다. 그러나 이 책에서는 제시된 바둑전략가설을 누가 주창했는지를 분석하는 것이 아니라 중국 공산혁명과정을 통해 나타나는 역사적 사실에 근거하여 그 가설의 타당성을 확인할 것이다.

1927년 초기에서부터 시작된 강서성 항쟁에서 살아남았고, 이후 공산당 정책을 입안하여 1940년대에 급속한 세력 확장이 가능하도록 선도했던 인물들을 "모택동주의자(Maoist)"라고 칭한다. 1935년 이후 모택동은 선(Line)[6]이라는 전략개념에 중점을 두게 된다. 이러한 전략적 선

---

6) 모택동은 이시기 이후 외선(External Line), 내선(Internal Line) 등의 용어를 사용하여 공격 뿐 아니라 방어작전 간에도 적을 적극적으로 포위하는 전략을 강조 했다.

개념(Line)은 제4장에서 다룰 것이다.

정치적 문제와 해결책

공산주의자라는 기사의 초기 전략에 대해 살펴보도록 하자. 전술한바와 같이, 바둑을 두는 기사의 목표는 바둑판에 가능한 많은 집을 짓는 것이다. 중국 공산당 혁명세력의 궁극적인 목표는 중국인민으로 구성된 인적(人的)바둑판에서 최대한의 안정적 지배를 달성하는 것이었다.

강서성 시기에 중국 공산당 내에 불거졌던 정책적 불일치는 대부분 지역획득이라는 목적 달성을 위한 정책들이 서로 상이한데서 기인하였다. 바둑의 초보자도 자신의 목표를 설정하지만, 그것을 달성하기 위한 명확하고 안정된 개념을 수립하기란 쉽지 않다. 강서성 시기에 정치적 영토에 대한 포위를 달성하기 위해 제시된 전략은 크게 두 가지다. 하나는 노동자 계급을 혁명의 주역으로 삼는 것이며, 다른 하나는 노동자 계급 대신에 농민계급이 그 역할을 수행하게 하는 것이었다. 물론 이러한 이분법적인 접근법은 당시의 상황을 과도하게 단순화시키는 면이 있다. 게다가 그러한 정책들이 상호 배타적이거나 소모적인 것만은 아니었다. 하지만, 이러한 분석방법을 제시하는 목적이 모택동주의자들의 전략을 더욱 깊이 이해하고자 하는 것이므로 논의의 전개상 노동계급과 농민계급이라는 이분법적 개념을 이용하여 설명하는 것이다. 중국 공산당은 마르크스-레닌주의 주창자들로서 국제공산당 지도부의 지원을 받고 있었으며 노동자 계급을 통제하는 것이 혁명성공의 열쇠이며 혁명투쟁에서의 승리를 위한 필수조건이라고 주장하였다.

그러나 그들 주장의 근거는 바둑의 관점에서 볼 때 몇 가지 부족한 부분이 있었다. 첫째로, 1927년 당시 전체인구 대비 노동자 계급은 361명 중 2명꼴이었다. 노동자 계급의 지지를 획득하는 것이 혁명투쟁의 승리를 가져온다고 생각하는 것은 19×19크기의 바둑판에서 2개의 집만 얻으면 승리할 수 있다고 생각하는 것과 같은 것이었다. 당시 노동자 계급은 1926년 모택동이 구분한 중국사회 구성계층 중 다른 소수세력과 함께 사회 경제적 중심의 일부분에 지나지 않았다. 두 번째는 노동자 계급을 잠재적인 중요한 요소로 가정하더라도 "강서성 시기에 중국 공산당이 노동자 계급의 전폭적이고 조직적인 협력을 받을 수 있는 위치에 있었는가?"하는 의문이다. 노동자 계급은 도시와 산업화된 지역에 거주하고 있었으며 그 지역은 지리적 바둑판의 중앙에 해당되는 곳이었다. 앞에서 강조했듯이, 당시 반공산주의 세력들은 그런 지역들을 장악하기 위한 강력한 방어체계를 구축하고 격렬한 투쟁을 수행하고 있었다. 그런 지역에서 노동자 계급의 지지를 얻기 위해서는 반공산당세력들이 공산당을 군사력으로 제압하겠다는 의도(목적)를 저지해야 하며, 이것의 성공을 위해서 엄청난 지원과 노력이 필요하다는 것을 의미했다. 그러나 1930년에 장사(長沙, Changsha) 전투[7]에서 증명되었듯이, 강서성 시기에 갓 조직된 홍군(Red Army)은 도시지역의 노동자 봉기를 억누르기

---

7) 당시 공산당의 주석이었던 이립삼의 지시에 따라 모택동과 팽덕회가 이끄는 홍군은 장사를 점령하고 호남성 소비에트를 세웠으나 국민당의 집중공격을 견디지 못하고 열흘만에 무너지고 말았다.

위해 조직된 유능한 군사적 돌(국민당 세력)들과 싸울 수 있는 준비가 되어 있지 않았었다. 사실상, 노동자 중심의 공산당 전략은 체스의 형태와 비슷한 서양 공산당의 행동전략이었고, 바둑의 원칙이 정치적으로 내재된 중국의 독특한 혁명 환경에 맞지 않았다.

이러한 상황 하에서 모택동, 주덕 등은 당시 모스크바를 추종하는 당원들이 가지고 있었던 전략의 비현실성을 공격하여 주도권을 잡을 수 있었다. 모택동주의자들은 모택동이 1927년에 중국 공산당 정치적 기반의 70퍼센트는 농민들이 될 것이라고 분석한 내용을 강조했다. 사실상 모택동주의자들은 나머지 30퍼센트를 차지하고 있었던 노동자 계급의 지지를 확보하기 위한 어떠한 시도도 하지 않았을 뿐 아니라 노동자를 혁명의 주체로 삼는 것도 거부했다. 모택동주의자들의 농민 중심전략은 적들의 중앙 중심전략을 비효율적으로 만들었던 훌륭한 전략이었다. 위치상으로도 농민들은 바둑의 가장자리에 있었다. 군사적인 의미로 볼 때 바둑에서의 가장자리지역은 중앙을 압박할 수 있는 위치이며, 농민계급을 장악한다는 것은 다른 어떤 사회계층이 줄 수 없는 안정된 사회경제적 기반을 확보한다는 것을 의미했다. 게다가 농민계급은 중국사회에서 가장 착취당하고 억압받아왔던 계급이었기 때문에 쉽게 공산주의 지지세력으로 전향될 수 있었다. 또한, 토지재분배에 대한 희망과 지주세력에 대한 복수심은 혁명의 중요한 요소였다.

반공산주의 세력들이 농민계급의 지지를 얻기 위한 활동을 거의 하지 않았던 것도 공산주의가 농민들에게 쉽게 파급될 수 있었던 주요 원인이었다. 반공산주의 세력들에 대해 가해진 비판은 구체적인 토지개혁이나 사회개혁을 지속적으로 시행하지 않았다는 점이다. 모택동주의자들은 그들의 정치적 지지 세력을 바둑판의 가장자리를 따라 형성시킴으로서 바둑의 초보자나 당내 노동자중심 혁명주의자들이 범하기 쉬운 "너무 이른 정면대결"이라는 실수를 피할 수 있었던 것이다. 통상 바둑의 초보자들은 초반에 상대방의 돌을 잡기위해 공격을 시도하는데 이때 빈 공간에 영토를 구축한다면 상대방보다 더 많은 집을 얻을 수 있다는 사실을 간과하는 경향이 있다.

군사적 문제와 해결책

중국 공산당교리에 따르면 공산당 군사전략은 공산당의 정치적인 태동과 발전에 있어 핵심적인 역할을 했다. 강서성 시기동안 주덕과 모택동에 의하여 형성된 공산당 군사전략의 목표는 정치적 영토에 대한 방어와 적대세력이 구축한 포위망에서 정치적인 돌(여기서는 당원들)을 구해내는 것이었다. 이러한 목표를 달성하기 위하여 정치적으로 영향력을 미치고 있었던 지역을 군사적인 거점으로 바꾸어야 했다. 당시 노동자 계급의 거주지역은 도시였으므로 강서성 시기 노동자 계급중심의 공산주의 전략가들은 파리코뮌[8]이 그랬던 것처럼 도시 내부와 주변에 영토를 확보하려고 했다. 그러나 농민계급중심의 전략가들은 당연히 농촌지역에 혁명의 거점을 형성하고 인구밀집지역인 도시를 겨냥한 군사작전을 최소화하기 위한 전략을 구상하였다. 거점 및 근거

---

8) 파리코뮌(The Commune (of Paris) = the Paris Commune) : 1871년 3월부터 5월까지 파리를 지배했던 혁명정부

지 구축에 대한 공산당 내 의견대립은 앞에서 언급한 정치적인 논쟁과 유사했다.

바둑의 관점에서 보면 모택동주의자들의 판단이 옳았다. 앞에서 강조했듯이 지리적인 바둑판에서 중심을 통제하는 것은 인적 바둑판에서보다 더 어려운 작업이었다. 이러한 주장은 1930년 장사전투에서처럼 중간규모의 도시도 방어하기에 불충분한 군사력을 보유했던 중국 공산당의 초기단계에서는 더욱 설득력이 있었다. 더욱이 농촌지역은 군벌들이나 국민당 정부의 관심지역이 아니었으며 반공산당 세력이 농촌지역에서 새로 형성되어가는 공산주의 근거지를 공격할 수 있게 될 때까지 공산주의자들은 정치적 영토를 통합할 수 있는 충분한 시간을 확보할 수 있었다. 또 다른 관점으로 보면 바둑의 격자구조와 비슷한 중국의 지리적 구조에서는 외곽지역을 장악한 세력이 중앙지역에 대한 영향력을 증대하는데 이점이 있다. 강서성 시기에 이미 모택동은 이러한 내용을 강조했으며 훗날 국제 전략에도 동일한 원칙이 적용되어 진다.

우리는 강서성 북부지역에서 덕안(德安), 수수(收水), 통구(通口)에 근거지를 구축하고 있고, 서부지역에서는 공산당과 홍군수비대가 영강(寧岡), 영흥(永興), 연화(蓮花), 수천(遂川)에서 세력 확장을 꾀하고 있으며, 남부지역에서는 홍군 2, 4연대가 계속적으로 영풍(永風) 등지에서 힘을 기르고 있다. 이러한 지역 확보를 통해 우리는 강서성의 중심지역인 남창(南昌)을 수월히 장악할 수 있을 것이다.

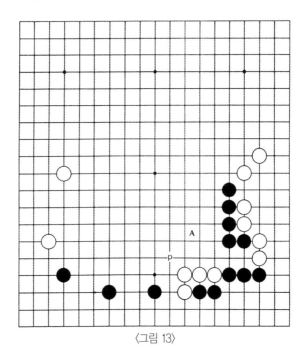

〈그림 13〉

바둑전략에 있어서 이런 포위 전략의 중요성을 살펴보자. 그림 13에
서 A 지역의 백은 중앙을 향하여 어느 정도 집을 확보하고 있으며 주변
의 흑은 귀와 변 지역에 견고한 거점을 구축하고 있다. 흑은 백에 대해
결정적인 포위를 시급하게 완성해야할 필요가 없다고 판단할지도 모르
나 이는 잘못된 생각이다. 흑이 p에 돌을 놓으면 4점의 백돌은 죽게 된
다. 모택동이 수행한 강서성 전쟁과 이후 혁명과정을 통해 알 수 있는 첫
번째 원칙은 정치적인 영역 확보를 위한 교두보로서 주변지역(또는 농
촌)에 거점을 조성한다는 것이다.

바둑판의 가장자리에 돌을 놓는 방법도 주목할 필요가 있다. 강서성
시기에 적용했던 군사전략을 분석해 보면, 모택동은 가능한 한두 개 또

는 몇 개 성(provinces)의 지경선을 따라 즉, 소(小) 바둑판의 가장자리 지역에 거점을 조성했다. (1933~1934년간 이러한 원칙이 적용된 결과는 지도 3에서 확인할 수 있다.)

1920년대와 1930년대 성의 경계선을 따라 조성된 거점의 특징을 살펴보면 모택동 전략의 성격이 더욱 확연히 드러난다. 각 성간 지경선에 위치한 지역에 거점을 조성하는 전략은 군벌이나 성주로부터의 공격을 최소화하기 위한 방책이었다. 즉, 성주나 군벌들은 인접한 성에 위치한 공산당을 제압하기 위해 경계선으로 병력을 보내는 위험을 감수하려고 하지 않았다. 당시 공산당은 3자 바둑게임에서의 제3의 기사가 가지고 있던 이점을 충분히 활용했다. 즉, 두 기사가 3자를 사이에 두고 어느 정도 분리되어 있고 각자의 영역 내에서 제한된 게임이 진행되는 상황에서 제3의 기사는 양측의 어느 영역에도 착수할 수 있고 나름대로의 작전을 구사할 수 있는 여유를 확보할 수 있었던 것이다. 양 기사간의 우호적인 상황이 형성되지 않는다면 두 기사가 힘을 합쳐서 제3의 기사(棋士)에 의해 경계지역에 형성된 영역을 정복하는 것은 상당히 어려울 것이다. 왜냐하면 양 기사 모두 상대방의 영토에 합의없이 침입하여 역으로 포위당하는 무모한 행동은 하지 않을 것이기 때문이다.

포위와 역포위

지금까지는 대부분 공산혁명 과정에서 행해진 거시적 수준에서의 전략을 분석하였다. 이번 절에서는 소규모(바둑판의 일부)로 진행되는 상황, 특히 지방 근거지에서 벌어진 국지전을 위주로 분석해 보자. 강서성 시기에 발생했던 중국 공산당의 국지전은 대부분 공산기지(소비에트)를 방어하기 위한 전투였다. 바둑의 기본적인 행마법은 상대의 공격을 방어하면서 그를 전략적으로 포위하는 것이므로 바둑을 「전략적 방어게임」이라 칭해도 무리는 없을 것이다.

강서성 시기 동안 공산당의 전략목표는 바둑에서 방자가 추구하는 목표와 일맥상통한다. 그것은 첫째 근거지를 방어하고 전투력을 보존하는 것으로서 바둑의 표현을 빌리자면 세를 굳히고 말을 보호하는 것이며 둘째는 적의 공격부대를 전체 또는 부분적으로 섬멸시키는 것, 즉 공격해 오는 상대의 돌을 따내는 것이었다. 이러한 두 가지 목표를 추구하는 과정에서 성공적인 역습(역포위)이 이루어진다면 방자의 집은 더욱 확장될 것이며 새로운 지역에 대한 추가적인 포위작전도 가능해지는 것이다.

공산혁명 초기 상황을 살펴보면 앞서 말한 목표를 달성하는데 기여한 요소를 명확히 알 수 있을 것이다. 당시 중국 공산당은 모택동이 주창한 것처럼 인적기반(人的基盤)면에서 절대적인 주도권을 잡기위해 노력하고 있었다. 홍군과 공산당 거점내의 인민들은 정치적인 돌이자 「집」이었으며 이들 인민들은 중국 공산당이 필요로 하는 정보를 획득하여 제공하는 등 많은 도움을 주었다. 반면 적(국민당)은 자기 수중의 군대에 대해서도 정치적으로 완전한 영향력을 행사하지 못하였다. 이러한 상황은 국민당군이 상당한 정치적 핸디캡(약 13점 정도)[9]을 안고 바둑을 두는 모

---

9) 앞서 표현한 대로 국민당군은 공산당에 비해 물리적으로 많은 이점(중요지역을 장악한 것 등)을 지니고 시작했지만 정치적인 면에서는 오히려 중국 공산당군이 유리했다는 설명이다(역자 주).

습으로 비유될 수 있다.

군사적인 면에서 볼 때, 전투가 벌어지는 초기단계에서 양자간 전력은 서로 차이가 있을 수밖에 없다. 당시 공산군은 기동전 능력이 뛰어났다. 즉, 경무장되어 신속한 기동이 가능했고, 적의 전투력, 행동, 의도를 파악할 수 있는 신뢰할 만한 정보망을 가지고 있었다. 그러나 그러한 유격전쟁의 장점도 제한된 지역을 방어하는 전투(positional warfare)에서는 공산당의 취약한 분야(빈약한 무장, 탄약 및 화기 부족, 병력 부족) 때문에 별 이점이 되지 못했다. 반면 국민당군의 전력은 공산당과는 반대의 특징을 가지고 있었다. 국민정부군은 수적 우위를 점하고 있었고 무장도 비교적 잘되어 있었으나 사기저하, 기동력 둔화, 부적절한 정보

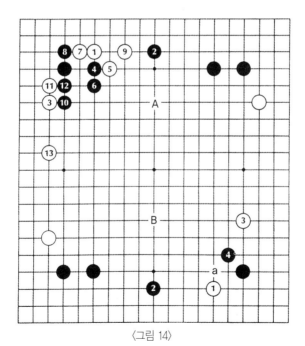

〈그림 14〉

활동 때문에 신속하고 유연한 공산당군과의 전투에서 불리하였다.

공산당이 자신의 거점을 둘러싼 적의 포위망을 분쇄하는 방법에는 두 가지가 있다. 하나는 적의 주력부대를 거점 경계지역이나 외곽지역에서 맞아 싸우는 것이며 또 다른 하나는 훗날 모택동과 주덕이 주창한 방법으로 적을 안으로 끌어들이는 전략적인 후퇴를 실시한 후 상황이 조성되면 역습을 감행해 적을 역으로 포위해 버리는 방법이다. 자신들을 포위하려는 적과 정면대결을 시도하는 것은 공산당의 거점을 방어하고 방어선을 견고히 하여 거점외곽에 대한 영향력을 유지하면서 상대방의 전진을 차단하는 것이다. 이 방법은 성공시 혁명의 순수성을 그대로 유지한 채로 상황을 신속히 종결시킬 수 있다는 점에서 대단히 매력적인 전략이다. 그러나 「T자」와 같이 상대방의 공격을 직각으로 차단하는 시도는 상대방의 능력이 자신보다 우세할 경우라면 그다지 바람직한 전략은 아니다.

바둑을 둘때에는 영향력의 중복을 최소화하고 다방면으로의 세력확장 가능성을 최대화할 수 있도록 돌을 두어야 하며 이때 기동성, 기민성, 경제성을 고려해야한다(그림 7을 다시 인용하면 백은 기동력을 가지고 있으나, 흑은 그렇지 못한 것을 알 수 있다). 이러한 용어들은 소규모이나 효과적인 기동력을 보유하고 있었던 공산군의 기동전 수행능력을 설명해 주기도 한다. 바둑에서는 어느 한 지점이 강력한 적으로부터 공격당할 위기에 있을 때 직접적인 방어를 실시하는 것은 부적절한 방책일 수 있다. 강력한 방어를 실시하게 되면 방자는 그의 장점인 경(輕)무장에서 오는 기동력의 이점을 충분히 살릴 수 없게 된다. 그림 14 A에서 예를 제시해 놓았는데 이에 대한 전문가의 해설을 들어보자.

....그러므로 백 1의 공격에 대하여 흑 4로 붙힌 수는 오히려 상변에서 백의 입지를 굳혀주고 백을 압박하기 위해 놓았던 흑 2의 가치를 현저하게 떨어뜨리는 결과를 가져왔다. 이와 같은 형국은 「공격하는 돌에 붙이지 말라」는 바둑의 격언을 생각나게 한다.

모택동과 주덕은 공산당의 군사적 목표달성에 있어서 지금까지 설명한 정면 대결식의 방법과 매우 대조적이면서 바둑의 전략개념과 일치하는 새로운 전법을 제시했다. 그들이 주창한 전략적 후퇴, 군사용어로 「후방으로의 기동 (retrograde movement)」이라 불리는 전법은 이론적이면서 동시에 실천적이며, 고도의 복잡성을 지니고 있는 특수한 조건에 한정되어 적용 가능한 이론으로서 바둑의 중요한 개념이 그 이론의 근저에 깔려있었다. 그것은 바로 「후퇴는 선수(주도권) 유지를 위한 필수적인 요소」라는 것이다.

유격부대가 현대적 첨단무기로 무장되어 있는 적과 직접적인 교전을 수행하려는 의도를 가지고 있다면, 그 유격부대의 지휘관은 상대방에 대해 끊임없이 대칭적인 대응[10]을 해야 할 것이다. 결국 전황은 상대방에 유리하게 조성될 것이고, 그 유격부대는 전투부대로서의 존립마저 위태

---

10) 상대가 10으로 치면 나도 상대를 10으로 치는 것처럼 상대의 행위를 같은 방법으로 맞받아치는 것을 대칭전략이라 하며 정규군을 비정규전으로 상대하는 것처럼 상대의 약점과 나의 강점을 이용하여 상대와 다른 방식으로 전쟁을 수행하는 것을 비대칭전략이라고 한다.

롭게 될 것이다. 그 유격부대의 거점도 그림 14 A의 흑처럼 치명적인 손상을 입게 될 것이다. 반면 유격부대가 적의 진격에 따라 질서 있게 후퇴하면서 교전을 강요하고 적을 깊숙이 유인할 수 있다면 적은 주도권을 잃게 될 것이다. 유격부대는 인원보충 및 필요한 교육을 실시할 수도 있고 후퇴작전을 종결하고 결정적인 역습의 환경을 조성할 수 있을 정도로 행동의 자유를 확보할 수 있을 것이다. 아래에 제시된 바둑입문서의 내용을 통해 이와 같은 전법이 바둑기술과 유사함을 알 수 있다.

바둑에서 초보자를 괴롭히는 문제는 상대가 자신의 영역으로 공격할 때 방어를 위해 돌을 놓을 곳을 찾기가 어렵다는 것이다. 그리하여 대부분의 초보자들은 공격을 가하는 상대의 돌을 잡거나 막기 위해 자신의 돌을 상대방과 밀착하여 놓는다. 이러한 수는 결과적으로 상대에 의해 포위되어 돌과 집 모두를 잃게 된다. 상대방의 진출을 막기 위해서는 상대의 돌과 1 내지 2칸 떨어진 곳에 돌을 두어 상대방의 공격이 다다르기 전에 자신의 위치를 강화할 수 있는 여유를 얻어야 한다. 또한, 적이 강하게 포진하고 있는 지역에서는 너무 깊숙이 들어가지 말아야 하며 만약 그 지역에 안정된 집을 확보할 수 없다면 가능한 빨리 해당지역을 벗어나야한다.

그림 14의 B는 위의 설명에 대한 한 예를 보여주고 있다. 백이 1과 3으로 압박해 올 때 흑은 그들을 맞받아치지 않고 흑 4로 백의 포위권을 벗어나고 있다. 이에 대한 설명은 아래와 같다.

만약 흑이 흑 4를 그림 14 B에 있는 "a" 점에 두었다면 백은 흑의 아래로 파고들어 우하귀에 강한 세력을 구축하여 흑은 막심한 손해를 입게 되었을 것이다. 따라서 흑 4는 백의 세군힘을 막고 흑의 세를 계속 유지할 수 있게 해준 좋은 수인 것이다.

강서성 시기에 체계가 잡히기 시작한 모택동의 혁명전략 이론에 따르면 후퇴 뒤에는 반드시 대규모로 조직된 반격을 수행하도록 되어있다. 공산당 설립 초기에 이와 같은 원칙이 얼마나 잘 지켜졌는지에 대해서는 다소 의문이 남아있다. 강서성 시기에 국민당군이 공산당 거점 공격후 후퇴한 주된 이유가 단순히 클라우제비츠의 「공세종말의 법칙[11]」이 적용된 것으로 보이기 때문이다. 모택동의 공격 전략에 대해서는 강서성 시기에 실시된 것 보다 1945~49년간의 국공내전에서 실시된 사례들이 보다 세부적으로 연구되었으므로 이에 관해서는 제 5장 국공내전에서 다루도록 하겠다.

바둑을 의미하는 중국어 위기(圍棋, wei-ch'i)에서 위(圍, wei)는 포위 (encirclement)를 의미한다. 모택동 전략모델에서 중국 공산당 역습의 전략적 핵심은 바로 포위에 있었다. 그들이 추구하는 포위는 적 부대를 분할하고 둘러싸는 것이었다. 1930년 강서성에서 첫 번째 대규모 방어작전을 수행할 당시 모택동은 스스로의 전력을 다음과 같이 평가했다.

우리는 장개석군대의 주둔지로부터 10여킬로 떨어진 흥국(興國)에 1000 여명의 사단병력을 배치하고 있으며 이 부대를 운용하여 후방에서 적을 포

---

11) 모든 공격작전은 언젠가는 공자의 전투력이 방자보다 현저하게 우세하지 못한 순간에 도달하게 되어 더 이상의 공격을 감행할 수 없는 상태에 도달하게 된다. 이러한 시기를 공세종말점이라 칭하는데 현재는 「작전한계점」이라는 용어가 보다 널리 사용되고 있다. (역자 주)

위하거나 원하는 지점에 전력을 집중할 수 있을 것이다. 적은 우리를 넓게 포위하고 죄어 들어오고 있으나 우리는 반대로 적을 여러 조각으로 분할한 뒤 그들을 포위할 것이다.

바둑과 모택동 전략은 공통적으로 포위를 강조하고 있으며 이는 상호 간의 전략적 심리학적인 동질성을 보여주고 있다. 포위는 다른 군사전략이나 전략게임에서도 사용되어지는 개념이다. 그러나 다른 전략체계에서 포위를 달성하기 위해서는 전력 면에서 상대방보다 절대적인 수적우위를 점하고 있어야 한다. 공산당 유격기지를 에워싸기 위해 대규모 병력을 투입하는 국민당의 전법이 그러한 예이다. 그러나 바둑에서는 병력의 우위가 없어도 방자가 공자에 대하여 포위를 달성할 수 있다. 모택동이 중국 공산당 초기시절부터 포위를 가장 중요한 전략요소로 규정하고 있었던 점에서 모택동식 전쟁수행방법과 바둑이 「포위」라는 동일한 개념을 공유하고 있음을 알 수 있다.

바둑의 초기단계와 강서성 시기와의 비교

중국 공산당 혁명에 있어 강서성 시기의 전략적 상황은 바둑 초반의 양상과 매우 유사하다. 즉, 19×19의 바둑판에서 처음 50여 수를 착수하는 데까지의 상황과 비슷하다. 1927년 당시에 그들이 보유하고 있던 전력에 비해서 정치, 군사적 바둑판은 상당부분 비어있는 상태였다. 즉, 바둑의 초기 단계에서처럼 참가자 모두가 자신이 원하는 곳에 돌을 둘 수 있는 전략적 융통성을 지니고 있었다는 것이다. 공산당이 전략적 의사결정을 하는데 경험했던 어려움은 대국자가 초기에 겪는 그것과 유사했다.

그것은 바둑판의 어느 곳에 우선적으로 수를 두어야 하는가의 문제였는데 공산당이 직면했던 전략적인 문제들은 접바둑에서 백을 잡은 기사가 당면한 문제와 매우 유사했다. 즉 바둑 시작 전부터 이미 놓인 흑의 돌(치석)들이 형성하고 있는 영향권 내로 진입하여 안전한 세력(또는 집)을 구축해야 하고 동시에 상대방의 역습으로부터 그 집들을 효과적으로 방어해야 했던 것이다.

1935년 대장정(大長征)[12]을 마치고 난 후의 중국 공산당의 전력은 1927년 당시보다 나아진 것이 거의 없었다. 그들은 대장정 이전에 확보했던 군사력, 영토, 영향력의 대부분을 상실했던 것이다. 1935년 당시 중국 공산당 지도부는 통합을 이루지 못하고 있었고 이로 인해 중앙 소비에트 거점을 상실하고 잇따른 패배를 맛보게 된다. 그러나 이러한 물리적인 힘의 상실과 전략적인 실수가 승패를 결정짓는 중요한 변수는 아니었다. 대국에서 어느 한쪽의 귀나 변 싸움에서 지는 것이 바둑의 최종 승패를 결정짓는 것이 아니듯이, 혁명초기의 중국 공산당의 실수와 패배도 만회할 수 있는 것이었다.

모택동은 『군사선집』(Selected Military Writings)에 수록되어 있는 대장정 직후에 쓰여진 글에서 "한수를 잘못두면 전체를 그르친다." 는

---

12) 1934년에서 1936년까지 중국의 홍군(紅軍)이 강서성[江西省]의 서금[瑞金]에서 섬서성의 북부까지 국민당군과 전투를 하면서 1만 2000km를 걸어서 이동한 행군. 전군 30만의 병력이 출발하였으나 장정을 마치고 새로운 근거지에 도착한 병력은 불과 3만에 지나지 않았다고 한다. 그러나 이 병력은 섬서성 북부에 강력한 근거지를 건설하여 항일전을 수행하는 모체부대가 된다. (역자 주)

장기의 격언은 자신들의 경우에 적용될 수 없다고 언급하였다. 그러한 원칙은 전국면의 대세를 결정할 만큼 중요한 수에 적용되는 것이며 부분적으로 중요한 수에는 해당되지 않는다. 중국 공산당에게 있어서 강서성 시기의 종지부를 찍은 대장정은 대국에서 던진 마지막 수가 아니었던 것이다.

제 **4** 장

중일전쟁

제**4**장

중일전쟁

〈지도 4〉 중일전쟁시 일본의 세력 (1940년 경)

1927년 중국에서 벌어진 게임에서 주목할 만한 것은 참여자의 수와 그 다양성이다. 당시 게임의 참여자는 공산당, 국민당, 그리고 지역의 군벌세력들이었다. 1930년대로 접어들면서 여러 참여자들이 경쟁하는 현상은 계속되었지만 참여자의 수는 점차 감소하였다. 중일전쟁이 발발한 1937년부터 중국의 정치적 상황은 세 명이 겨루는 게임(국민당, 공산당, 그리고 일본제국주의자들)의 양상으로 전개되었다. 각 참여자들은 의사 정책결정 과정에 있어서 상당한 수준의 중앙집권화를 이루고 있었다. 비록 1935년부터 1940년 무렵까지 모택동과 그의 추종자들의 정치적인 입지는 불안정했지만, 중국 공산당 전략수립에 있어서 중요한 역할을 담당하게 된다.[1]

바둑의 원리와 1937-45년 사이에 전개되었던 중국 공산당 전략을 비교하기에 앞서, 당시의 역사적인 배경을 먼저 살펴볼 필요가 있다. 1935년 당시 공산주의자들의 세력은 간신히 명맥을 유지하고 있었다. 그러나 바둑의 원칙을 따르지 않아 생긴 이러한 결과는 게임에 패배할 만큼 치명적인 것은 아니었다. 어쨌든 1934년 10월 중국 공산당은 새로운 곳에서 더 큰 이득을 얻기 위해 가망없는 귀(바둑판의 한 모퉁이)를 버리고 대장정을 시작하였다. 일 년여에 걸쳐 공산당 반대세력과 적대적인 세력들의 지속적인 공격을 견디면서 중국 서부를 가로질렀던 대장정(Long March)에서 살아남은 사람들은 1927년 이래 섬서(陜西省, Shensi)지역에서 자생적으로 활동

---

[1] 1934년 10월부터 1935년 11월까지 대장정 중에 발생한 국민당의 포위공격에 대한 대응의 실패를 당시 지도부에 돌림으로서 새로운 지도부가 탄생되었다. 모택동이 정치국 위원이자 중앙군사위원회 주석이 되면서 실질적인 당의 최고지도자가 된다(역자 주).

해왔던 공산당 세력과 연합할 수 있었다. 이것은 위기에 놓인 돌들이 안정된 돌들과 연결되는 형국이 이루어진 것이며 이후 중국 공산당은 섬서성을 근거지로 국민당의 공격을 막아낼 수 있었다.

황하상류로 인해 북쪽과 동쪽이 막힌 섬서 지역은 중국본토를 바둑판으로 가정했을 때 귀에 해당하는 지역으로, 1930년대에는 정치적으로도 변방에 속하는 곳이었다. 당시에 신장(新絳, Sinkiang)과 몽고 내륙지역은 중국 정부의 영향을 거의 받지 않고 있었던 상황이었기 때문에 몽고와 인접한 섬서성의 공산당 거점을 국민당군이 포위하는 것은 거의 불가능했다. 섬서 지역의 연안(延安, Yenan)은 1935년 공산당이 크게 패한 이후에 유일하게 살아남은 지역이었지만 (바둑에서 한 귀퉁이를 겨우 집으로 마련한 형국인 '귀살이'와 같았다.) 공산당의 존속을 지탱하고 그들이 팽창할 수 있는 중요한 기반이 되었다.

1937년 7월 일본이 노구교사건[2]을 일으키고 중국에 대한 대규모 침

---

2) 중일전쟁의 발단이 된 사건이다. 1937년 7월 7일 밤 펑타이(豊台)에 주둔한 일본군의 일부가 이 부근에서 야간연습을 하고 있던 중 몇 발의 총소리가 난 후 사병 한 명이 행방불명되었다. 사병은 용변 중이어서 20분 후에 대열에 복귀하였으나, 일본군은 중국군 측으로부터 사격을 받았다는 구실로 펑타이에 있는 보병연대 주력을 즉각 출동시켜 중국군을 공격하여 다음날인 8일에 노구교를 점령하고 중국군은 융딩강 우안(右岸)으로 이동하였다. 최초의 10여 발의 사격이 일본군의 모략에서 나온 것인지, 중국의 항일세력에 의한 것인지는 분명치 않으나, 7월 11일에는 중국 측의 양보로 현지협정(現地協定)을 맺어 사건은 일단 해결될 것 같았다. 그러나 일본정부는 계속 강경한 태도를 보이면서 군대를 증파(增派)하여 28일 북경에 대한 총공격을 개시하였다. 이를 계기로 노구교사건은 전면전쟁으로 확대되어 중일전쟁으로 돌입하였다. 중국 측에서는 이 사건을 계기로 제2차 국공합작이 이루어지고 항일(抗日)의 기운이 높아졌다(역자 주).

략을 시도함으로써 전략적인 상황에 큰 변화가 일어났다. 일본군은 철로를 따라 기동하면서 상해(上海, Shanghai)지역과 중국 북부 지역에서 중국의 저항을 신속하게 제압하며 도시들을 잇달아 점령해나갔다. 산서성(山西, Shansi province)의 대도시였던 태원(太原, Taiyuan)이 1937년 11월에, 남경(南京, Nanking)과 한구(漢口, Hankow)가 그 뒤를 이어 점령되었다. 그러나 일본은 중국 전역(戰域)에 제한된 병력을 투입했기 때문에 병참선이 신장되면서 진격 속도가 둔화되기 시작했다[3]. 어찌 되었든 1938년 겨울과 1939년 봄 사이에 걸쳐 일본은 양쯔강 하류에서부터 북으로 황해지역까지 중국의 경제력과 인구가 밀집한 지역을 통제할 수 있었다. 군사적 상황으로 평가하자면 1944년 시도한 중국 서남부로의 진격을 제외하고는 전쟁기간동안 일본이 점령한 전방 지역의 군사적 상황은 비교적 안정적이었다(지도 4 참고).

이처럼 비교적 빠른 점령지역의 안정화는 세 기사(일본군, 국민당, 중국공산당)의 상호역학관계를 결정짓는 요소가 되었으며, 이러한 삼각구도 속에서 세 종류의 양자게임(대국)이 전개되었다. 첫 번째 게임은 국민당과 일본간의 대국으로, 양측간의 암묵적인 동의아래 서로 대치하는 교착상태가 지속되었다. 두 번째는 국민당과 공산당간의 대국이었으나, 1937년 항일투쟁을 위한 국공합작(國共合作)[4]에 의해 양측은 공식적으로 휴전을 선언했다. 사실 항일 전쟁간에도 간간히 양측간의 적대행위는

---

3) 즉 중국 전체를 석권하기에 충분한 전력은 투입하지 못했다는 의미이다(역자 주).

4) 제1차 국공합작(1924.1~27.7)은 북방의 군벌과 그 배후에 있는 제국주의 열강에 대항하기 위하여 맺어진 것으로 국민혁명(북벌)후 결렬되었으며, 제2차 국공합작(1937.9~45.8)은 일본제국주의에 대하여 통일전선을 결성한 것으로서 일본제국 패망후 결렬되어 국공내전으로 돌입하였다(역자 주).

계속되었으나 위에 언급한 게임들은 중국 공산당의 전략을 설명하는데 그리 중요한 내용이 아니므로 생략한다.

이번 장에서는 중국 동쪽과 북쪽에서 일본과 중국 공산당간에 벌어졌던 세 번째 대국에 대하여 주로 다루기로 한다(지도 4 중 진하게 칠해진 지역이다). 중국 공산당의 핵심목표는 그 지역에서 유격전을 위한 유리한 여건을 조성하는 것이었다. 공산주의자들은 산서성 동부의 산악지대와 연안지역[귀 또는 변]으로부터 세력 확장을 거듭하여, 소위 말하는 해방구(liberated areas)를 형성할 수 있었다. 결과적으로 1945년 일본 패망 시까지 그 지역의 대략 5분의 1이상의 인민들(약 백만명)을 공산당 영향력 아래에 둘 수 있었다. 그러나 중일전쟁 기간 동안 중국 공산당의 영향력 확대는 일본이 장악하고 있던 지역에 국한되었다.

1937년 중국 : 점령지역의 전략과 지정학

물밀 듯이 전개된 일본의 침략이 소강국면에 들어선 1937년, 중국 북중부의 전략적 상황은 이전 10여 년 동안의 상황보다 훨씬 더 중국 공산당에 유리한 환경으로 변해있었다. 반면 일본은 정치적으로 불리한 상황에 놓여있었다. 일본에 협조하는 중국인들이 있긴 했지만, 대부분의 중국인들은 일본 침략군의 만행 때문에 일본에 대해 적대감을 가지고 있었다.[5] 한 문헌은 당시의 상황에 대해 다음과 같이 기술하고 있다.

---

5) 중일 전쟁 당시, 일본군은 당시 중국 수도였던 난징(남경)에서 약 6주 동안 30~35만이라는 민간인을 학살하였다. 또한, 일본군이 쑤저우를 지나간 후에는 인구가 35만에서 500명으로 줄었고, 인구 10만이 넘었던 성치앙은 일본군이 지나간 후 눈물짓는 노인 5명만이 남았다는 기록도 있다(역자 주).

점령지역에서 일본은 강압적인 정책을 유지했다. 일본에 의해 세워진 괴뢰정권을 지지하는 사회적 기반은 없었고 중국인으로부터 냉담한 반응만이 있었을 뿐이다. 당시 중국 농민들은 일본의 지배에 대한 사회적 기반이 되는 집단이었으나, 그러한 농민들을 다루는 방법은 거의 테러에 가까웠다."[6]

어찌 보면, 일본은 정치적인 바둑게임에서 불리한 지역[집]만을 확보하고 있었던 셈이다. 그 지역은 자발적으로 일본의 영향력 안에 흡수되지도 않았고 강력한 저항의지를 가진 중국인들[인적 교점]로 이루어진 지역이었다. 더 중요한 것은 일본의 침략과 국민당 정부의 패퇴로 중국 북부에서는 중국인들을 이끌 정치적 지도자가 없는 상황이었고 이는 공산주의자들에게 아주 좋은 기회였다. 바둑으로 해석해 보면 일본의 침공은 한 기사(일본군)가 돌을 놓아 상대방(국민당)의 돌을 따내는 과정이었다. 그러나 일본군은 주로 철도를 이용할 수 있는 도시지역[중앙]에서 활동했기 때문에 교외나 군소도시에 거주하는 중국인들에 대한 영향력은 중국 공산당보다 훨씬 적을 수밖에 없었다.

"일본군의 주요임무는 중국 북부의 철도를 통제하는 것이었다. 이를 위해 파오팅푸(Paotingfu)에서 팅시엔(Tinghsien)에 이르는 구간처럼 중요한 보급로에는 3마일마다 20여명을 수용할 수 있는 병영시설을 설치했다. 또한, 일본군은 철로를 따라 위치한 중요한 도시에 주둔지를 설치했다. 20

---

6) George E. Taylor, *The Struggle for North China* (New York: Institute of Pacific Relations, 1940), pp. 76, 78.

명에서 2,000명까지 다양하게 수용할 수 있었던 주둔지는 철로로부터 가까운 지점에 선정되어 운영되었다."[7]

일본군의 이러한 전략은 바둑에서는 절대 피해야할 전략이었다. 과거와 마찬가지로 일본의 전략은 서양의 체스 전략과 유사했다.[8] 체스판의 중앙은 전략적으로 가장 중요한 부분이다. 중앙을 통제하는 것이 체스의 첫 번째 원칙이다. 일본인들도 바둑을 즐기는 민족인데도 불구하고 바둑의 이론을 군사전략에 응용하지 못했다는 것은 다소 역설적이기도 하다. 그러나 일본인들의 관점에 볼 때 그들은 태평양 지역 전체를 궁극적인 전략목표로 보았고 중국은 단지 동아시아라는 큰 구도[바둑판]중 하나[귀 또는 변]로 상정했을 수도 있다. 이유야 어떻든 간에 점령지역에서 일본의 영향력은 이전에 국민당이 행사했던 영향력보다 훨씬 적었다. 모택동이 지적했듯이, 질적인 우세가 언제나 양적인 열세를 상쇄시켜주는 것은 아니다. 양적인 열세를 만회하기 위해 일본군 지휘관들은 구 국민당군으로 구성된 괴뢰 중국군을 창설하였으나 그 구성원들이 일본에 적대적이었으므로 비효율적인 방책에 불과했다.

---

7) Ibid., pp. 49-56.
8) 독일의 전략(서양 전략)은 일본의 군사전략수립에 많은 영향을 끼쳤다. 그러나 일본도 다양한 부분에서 바둑 전략을 응용한 예가 있다.

1937년 중국 공산당

국공합작으로 인해, 중국 공산당은 일본이 점령했던 지역[집]에 효과적으로 영향력을 행사할 수 있었다. 이시기의 공산당의 목표는 강서성 시기에 모택동이 상정한 목표와 유사한 점이 많았다. 모택동의 혁명전략의 최우선 목표는 중국이라는 바둑판에 중국 공산당이 안정적으로 활동할 수 있는 [집]을 마련하는 것이었다. 즉, 세력권을 확대하거나 일본군이 배치되어 있었던 지역[선] 내선에서 해방구를 형성하는 것이었다. 중국 공산당 목표와 바둑간의 유사성은 서언에서 전술한바와 같이 모택동의 저서『군사선집』에 잘 나타나 있다. 차선의 목표는 가능한 지역에서 상대방의 돌을 잡아내는 것 즉, 일본군 또는 괴뢰군의 섬멸이었으나 일본군의 질적 우세와 그들의 집중력으로 인해 달성하기가 쉽지 않았다. 이와 비슷한 양상이 바둑에서도 자주 발생하는데 바둑에서의 최종승패는 상대방의 돌을 많이 잡는 것이 아니라 집을 얼마나 많이 차지하느냐에 달려있는 것이다.

정치적인 면에서도 공산당의 최우선 목표는 영토[집]를 차지하는 것이었다. 즉, 현장에서 적극적이고 조직적인 민중의 지지를 이끌어내는 것이었다. 소극적인 방법도 사용되어졌는데 위협이나 설득을 통해 이전에 일본군에 협력하였거나 공산당에 적대적이었던 중국인들을 배제해나갔다. 이는 바둑판에서 위협이 되는 돌들을 제거하는 수와 비교될 수 있다. 또한, 정치적인 면에서의 소극적인 목표로서 공산당은 일본군의 지지(특히, 공산당이 포획한 일본인 포로들의 지지)를 얻어내려 노력했다. 모택동의 저서인『지구전(On Protracted War (1938))』에 정의된 군사적 행동의 세 가지 원칙중 하나는 적을 물리적, 심리적으로 분산시키는 것이다. 이와 관련하여 모택동은 다음과 같이 기술하고 있다.

"이러한 제원칙을 효과적으로 적용하기 위해서는 우리는 일단 무력 사용을 포기한 전쟁포로들을 인격적으로 존중해주어야 한다. 그리하면, 우리에 대한 기존의 부정적인 인식이 바뀌게 될 것이다."[9]

중국 공산당은 비록 일본과의 전쟁 기간 중에는 눈에 띄는 승리를 거두지는 못했지만, 이 기간에 축적된 경험을 통해 국공내전(1945~1949)간 국민당에 대해서 큰 승리를 거두게 된다. 중일전쟁간의 경험은 점령지에서 공산당의 전략적 목표를 달성하는데 많은 도움이 되었다. 중일전쟁 기간 중 공산당의 당면과제는 단순한 전략적 목표의 선정이 아니라 (모택동은 게임 초반에 이미 목표를 선정해 놓고 있었다) 그러한 목표를 달성하기 위해 전략적 기법들을 조직화하고 체계화하는 것이었다. 공산당에게는 점령지에 있는 중국인민들의 지지를 얻을 수 있는 효과적인 방법을 발견하고 시행하는 것이 무엇보다도 절실했다. 지리적으로는 이미 확보한 연안지역이라는 「귀」를 「집」으로 굳히기 위해 효과적인 군사전략을 수립하고 발전시킬 필요가 있다.

바둑의 포위전략과 영토획득

목적이 유사하다고해서 반드시 수단도 비슷한 것은 아니다. 그러나

---

9) 모택동, 군사선집(SMW), pp. 260-61.

중국공산당이 바둑전략을 사용한다고 가정한다면 중일전쟁기간동안에 중국 공산당의 정치·군사 활동은 바둑에서 집을 확보해나가는 과정과 매우 유사할 것이다. 분석의 편의를 위하여 심리 정치적 영역[집]의 획득 과정을 바둑에서 집을 형성하는 과정처럼 두 가지 단계로 구분하여 설명하고자 한다.[10]

첫 번째 단계는 이전에 침투하지 못했던 지역에 정치적인 기반을 구축하는 단계이다. 공산주의자들이 당시에 직면하고 있었던 전략적인 어려움은 바둑기사가 바둑판의 특정 빈 공간에 집을 짓고자할 때 당면하게 되는 문제와 유사했다. 초기 단계의 문제는 공산주의 운동의 핵심이 되는 정치선동가[돌]들을 목표지역으로 침투시킬 수 있는가의 여부에 있었다. 그들은 강경노선을 주장하는 공산당 기간요원이나 당원들로서 공산당의 영역이었던 연안이나 다른 지역에서부터 파견되었다. 정규 공산당군과 유격부대에 배치되었던 그들은 정치선전과 동원을 통해 대규모 지원을 이끌어낼 수 있었고, 이들의 노력으로 곧 항일 지방정부가 설립될 수 있었다. 투입되는 노력을 최대한 절약하고 세력을 분산 운영한다는 원칙을 이용한 공산당의 세력 확대 전략은 바둑에서 돌이 분산된 상태에서 집을 만드는 전략[귀차지-굳힘-벌림-확장의 과정]과 일치하는 것이다. 큰 성과를 얻는 작전도 사실 처음은 매우 작은 규모로 시작하는 것이다.

---

10) 이러한 구별은 문헌에 명확히 제시되어 있는 것이 아니라 바둑의 관점에서 해석한 것이다.

공산당이 구사했던 동원(인적/물적자원 확보)전략의 중요한 작전형태는 포위였다. 그들이 구사한 포위는 간단하게 달성될 수 있는 것도 아니고 서양의 전략처럼 적을 일정한 비율 또는 대칭적으로 둘러싸는 것도 아니다. 이것은 심리적인 포위라고 표현될 수 있으며 공산주의자들을 이용하여 모든 가능한 수단(인정, 권유, 감언이설, 협박, 세포조직형성)을 동원하여 공산당의 정치선동을 전파하는 것을 의미한다. 심리적 포위의 특징은 '완전성'에 있다. 당시 중국인들은 시대적 상황 때문에 심리적으로 항일정신이라는 이념과 친(親)공산주의를 동일시 할 수밖에 없는 상황이었다. 이러한 정치적 목적 달성에 유리한 사회적 환경 조성을 강조하면서 모택동은 아래와 같이 언급한다.

> "동원(인적/물적자원의 확보)은 일회성으로 종결되는 것은 아니다. 저항전쟁을 위한 정치적인 동원은 계속되어야한다. 우리의 임무는 단순히 정치적인 계획을 읊조리는 것이 아니다. 누구도 듣지 않는 공허한 외침은 의미가 없다. 우리는 정치적인 동원을 전쟁의 실행, 병사들과 인민의 생사와 연계시켜야 하며 지속적으로 추진해 나가야한다. 동원은 우리의 승리에 직접적이고 결정적인 역할을 하게 될 것이다."[11]

간단히 말해, 동원되는 개인은 [집]이고 집을 얻기 위해 놓이는 바둑돌은 공산당원이다. 1949년 이후 십년간 중국 공산당의 정치권력이 안정적이었던 이유는 중일전쟁 과정에서 습득된 정치적 포위 전략을 중일

---

11) SMW, pp. 260-61.

전쟁 이후에 전국 전인민을 대상으로 적절히 적용한 결과였다.[12]

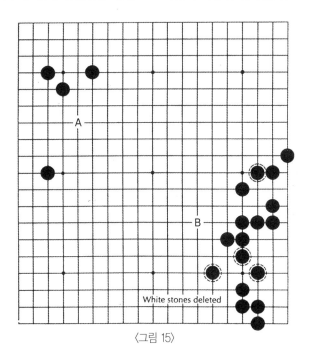

〈그림 15〉

바둑의 원리를 따르는 정치적 포위전략의 첫 번째 단계의 중점이 교두보 확보[귀차지]에 있다면, 두 번째 단계의 중점은 기반 굳히기[굳힘]라고 할 수 있다. 그림 15 A와 15 B에서 포위된 지역에 대한 굳히기 작업이 진행되고 있다. A와 B에 도식되어 있는 흑은 실제 대국에서 시간적으로 연속된 상황을 보여주고 있다(15 B에 점선으로 표시된 돌은 15 A의 돌을 대각선방향으로 대칭시킨 것이다. 즉 최초에 15 A처럼 놓인

---

12) "ch'uan-kuo i-pan ch'i" 라는 슬로건은 중국 공산당이 1960년대 경제전략의 일환으로 기치를 내걸었던 내용으로 온 국가가 바둑판(chi board)이라는 뜻이다.

돌이 대국을 진행하면서 견고한 집을 굳혀가는 것을 보여주고 있다). 그
림에서는 흑의 통제력이 확장되는 모습을 명확히 보여주기 위해 편의상
백을 표시하지 않았다. 지도 5 A 와 5 B는 각각 1938년 1월과 1939년 8
월간의 상황변화를 묘사한 것으로 중국 북부지역에서 중국 공산당의 영
향력 확산과정을 보여주고 있다.

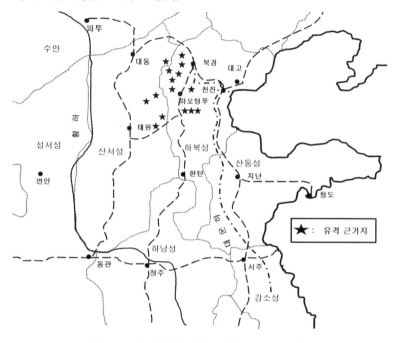

〈지 도 5 A〉 중국 북부에서 유격활동 : 1938년 1월

이러한 굳힘단계는 지구전의 특성을 보다 더 명확히 보여준다. 비록
바둑돌이 적진에 위치하고 있지만, 정치적인 영향력을 가진 공산당 세력
은 여전히 분산되어 생존하고 있었다. 중국 공산당은 반공산주의 세력과
의 투쟁에 많은 전력을 투입하여 전략적으로 손해를 입는 과오를 피하기
위해 "상대방의 돌을 잡아내는 것보다 무력화(無力化, 힘을 쓸 수 없어서

죽은 것과 마찬가지의 상태, 사석화(死石化)[13]와 같은 의미이다)하는 것이 낫다"는 바둑의 기본에 충실하였다. 1940년 모택동은 중국 공산화를 위한 작전을 일시적으로 제한하고 국민당간의 휴전기간을 최대화하여 항일전쟁에 임하여야 한다고 주장했다. 이런 작전의 목적은 국공합작의 근본인 항일운동의 협력구조 속에 공산주의자들을 활동하게 함으로서 중국인민들 사이에 존재하는 반공산주의 정서를 희석 및 약화시키는 것이었다.

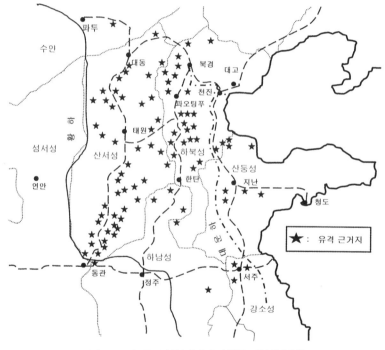

〈지 도 5 B〉 중국 북부에서 유격활동 : 1939년 8월

---

13) 직접적인 공격으로 돌을 따내는 것은 아니지만 상대의 돌들을 포위하고 주변돌과 연결을 차단하여 집을 만들 수 없도록 만드는 기법. 이렇게 포위된 돌은 결국 사석(死石)이 되어 대국종료 후 죽은 돌로 계산된다.

이러한 무력화 전략의 핵심요소는 공산당이 달성한 심리적 포위권내의 민중을 대규모로 동원하는 것이다. 바둑에서는 기사가 포위를 좁힐수록 차지할 수 있는 빈집은 줄어들고 점수도 상응해서 줄어들게 되어있다. 이와 대비하여 공산당은 포위망내의 빈집의 수를 자신이 얻을 수 있는 정치적인 돌(사람)의 수로 계산하였다[14]. 이렇듯 궁극적인 모택동의 목표는 모든 개개인을 하나의 행위자[돌]이자 영역[집]으로 만드는 것이었다. 좀더 큰 관점에서 본다면, 중국 공산당에게 있어 일본에 대항하기 위해 결성된 국공합작은 바둑에서 굳힘의 수단이었다. 국공합작을 이용하여 중국 공산당은 이전에 제한된 사회계층에게만 적용되었던 강서성 토지개혁 프로그램을 항일정신으로 일치된 공감대를 적절히 이용하여 보다 광범위한 사회계층에 홍보할 수 있었다. 공산주의자들의 국공합작정책을 살펴보면, 당시 중국사회를 구성하고 있던 많은 보수주의자들(부유한 농민, 토지소유자, 지식층, 상업계급 등)을 포함하는 포괄적인 운동으로의 확산을 꾀하고 있었다는 것을 알 수 있다. 바둑의 원칙으로 본다면, 이미 귀와 변에 집을 많이 차지하고 있던 기사가 이를 발판으로 바둑판의 중앙으로의 진출을 시도하는 것으로 이해될 수 있을 것이다.

중앙으로 게임을 진행하는 것은 고수들의 대국에서 핵심이 되는 과정이다. 바둑에서 상대의 활로를 차단하는 효과적인 방법은 귀나 변에

---

14) 포위내의 빈집을 정치적인 돌로 계산한다는 의미는 포위망 내의 인민이 단순히 점수로 계수되는 것이 아니라 공산화를 위한 정치적인 활동을 할 수 있는 돌의 역할을 수행한다는 뜻으로 해석된다.

위치하고 있는 상대를 압박하는 것이다. 상대에 대해 외부가 봉쇄되어 있는 귀의 영역은 종종 사석이 되곤한다. 일반적으로 가장자리로부터 3 또는 4선 이상은 그리 좋은 위치(지형)는 아니지만, 반드시 침투하여 자신에게 유리한 상황을 조성해야 한다. 모택동이 예견한 것처럼, 공산당의 승리는 선수(先手)의 유지에 달려있었다. 정치적으로 선수를 유지하기 위한 핵심적인 요소는 게임이 중반으로 접어드는 시기에 중앙으로의 철저하게 계획된 접근을 실시하는 것이다. 또한, 적(국민당)이 아직 장악하지 못한 사회적 기반[집]을 차지하는 것이다. 모택동은 근대의 전통적인 보수적, 방어적 바둑이 아닌 20세기의 공격적인 현대식 바둑을 두고 있었던 것이다.

바둑 전략과 유격전(遊擊戰)

유격전이 위협적인 이유는 그 양상이 너무나 다양하기 때문이다. 모택동은 바둑의 원리를 이용해 중국 공산당 유격전략 모델을 혁명의 전체적인 시스템의 한 부분으로 상정하고 수행해 나갔다. 바둑전략은 정의하기가 상당히 어려운 유격전을 쉽게 설명해줄 뿐만 아니라 중국 공산당의 심리전도 잘 설명해주고 있다. 이러한 사실을 염두에 두고, 일본군의 배치선 후방에서의 공산당 유격 전략과 이것에 적용 가능한 바둑전략의 유사성에 대해 살펴보자. 기간 중에 중국 공산당이 시도한 지역에 대한 통제는 두 가지 단계로 구분하여 설명할 수 있다.

첫째, 공산당은 새로운 지역에 군사적인 패권을 쟁취하기 위해 주변 지역에서부터 전투력을 투입하기 시작했다. 팔로군[15]은 중국 북부지방을 기동하면서 곳곳에 항일 기지를 설립했다. 대부분의 주변지역에는 일본의 영향력이 미치지 못했기 때문에 초기 작전에는 큰 문제가 없었다. 이러한 시도는 그림 15 A에서 정치적인 영향력을 확대[귀차지]하기 위해 벌림을 시도하는 형국과 유사하다.

두 번째 단계인 포위는 충분한 사회적 동원이 이루어진 후(인적 바둑판에 착수를 한 후) 현지의 인적자원으로 구성된 대규모 군사 및 준군사 조직을 공산당이 통제하게 되었을 때 시도될 수 있었다. 서양에서의 지상전 원칙과는 대조적으로 중국의 유격 전략은 두 가지 특징을 가지고 있다. 중국 공산당은 분산된 소규모 부대를 운용하여 지역에 대한 통제를 시도했으며, 그 부대들은 다시 거대한 하나의 군 조직을 형성하는 체계를 갖추고 있었다. 포위강화 단계에서는 부분적으로 적에 대한 직접적인 작전도 실행되었다. 1949년 이후에 중국 공산당의 선전활동으로 해방구에서 일본군이 중공군에 의해 섬멸되었다고 전해지는 경우가 많았다. 그러나 실제는 일본의 압도적인 우세로 인해 일본군 거점에 대한 포위와 섬멸은 거의 불가능했다. 이 때문에 중국 공산당은 일본군의 주둔지를 에워싸 가두어 버리는 전략, 즉 바둑에서의 사석화(死石化) 개념과 상응하는 전략을 구사했다. 구축했던 주둔지에 완전히 가둬진 일본군대는 유격부대에 의한 지속적인 괴롭힘과 매복에 대한 두려움으로 거의 기동할 수가 없었다. 이러한 경우, 이렇게 오도 가도 못하는 상

---

15) 정식명칭은 '국민혁명군 제8로군'이며, 1927년 남창(南昌) 폭동 때는 홍군(紅軍)으로 불렸다. 제2차 국공합작 후에 국민혁명군 제팔로군으로 개칭하고 신사군(新四軍)과 함께 항일전의 최전선을 담당한 부대이다. 1947년에 인민해방군으로 다시 명칭을 바꾸었다. (역자 주)

황의 일본군의 위치[집]는 죽은 돌들의 집합이라고 정의될 수 있을 것이다.

모택동은 중일전쟁 기간 중 중국 북부 지역에서 중국 공산당과 일본군간의 세력판도를 설명하기 위해 다양한 용어를 사용했었다. 그러한 용어를 바둑의 전략으로 풀어서 설명해보도록 하자. 첫째로 거점(base areas)이라는 용어는 비교적 영구적인 본거지(stronghold)라는 의미로 사용되었고, 그 지역은 정규 공산군에 의해 방어되고 공식적인 정부조직에 의해 관리되었다. 거점지역은 바둑의 관점으로 볼 때 느슨하게 연결된 돌들이 놓여있는 곳이므로 실제적인 집은 아니다. 오히려 그 지점들은 일본군의 공격에 상당히 취약했기 때문에 잠재적인 집으로 구분하는 것이 합리적일 것이다. 바둑판의 여러 교점을 자신의 집으로 만들 수 있다는 것은 가능성이지 확실한 사실은 아니다. 두번째 용어인 유격지대(guerrilla zones)는 대부분 공산당의 통제 하에 있지만 때때로 공산당과 일본군 간에 통제권이 확실하지 않고 유동적인 경우도 많았다. 유격지대는 바둑에서 '세력권'과 비교될 수 있다. 또한 모택동은 "중국이라는 지리적 바둑판의 중앙지역에 산재한 일본군 거점"이라는 용어를 사용하였다. 이 거점들은 주변의 거점들로부터 지원받지 못하면 잡혀 죽을 수밖에 없는 단순한 돌들의 집합인 경우가 많았다. 전쟁당시 일본군의 거점은 대부분 이러한 지역이었으며 일본군이 패퇴함에 따라 그 지역들을 포기한 것은 공산군에 의해 잡혀진(Captured)것으로 해석할 수 있다.

지리적인 바둑판에서 전개되었던 작전의 양상을 보면서 그러한 작전

(거점들을 고립시키는 작전(역자 주))을 가능케 해주었던 유격전술과 바둑전술을 비교할 필요가 있다. 물론 전략적 성격이 강한 바둑으로 전술을 설명하기엔 다소 무리가 있지만 전략과 전술은 상호 연관성을 가지고 있고 중국 공산당 정책이 바둑의 전략과 일맥상통하기 때문에 전술적 측면에서도 어느 정도 비교가 가능할 것이다.

당시 중국 공산당은 세 가지 유격전술 즉, 매복, 습격, 사보타주(sabotage)[16]를 강조하고 있었다. 위 세 가지 전술이 모택동 전략에서 기원한다고 주장하기는 어렵지만 당시 중국 공산당 장교들은 그렇게 인식하고 있었다. 매복은 은폐 및 엄폐된 유격부대가 기동중인 적에 대해 실시하는 공격행위를 의미한다. 반대로, 습격은 기동하고 있지 않은 적부대 즉, 주둔지 또는 기지에 대한 기습공격을 의미한다. 두 전술을 수행하는데 있어 중국 공산당은 두 가지 종류의 포위를 강조하고 있다. 첫째는 물리적인 포위로 적에게 탈출로를 허용치 않는 것이고 두 번째는 심리적인 포위인데, 이는 기습공격을 통한 물리적인 포위로 창출된 혼란과 공황상태를 이용하는 것을 의미한다.[17] 두 가지 방법 모두 바둑에서 상대방의 돌을 포위하는 전략과 유사하다. 사보타주는 전술적(때로는 전략적인 면에서)으로 적의 부대를 분리시키는 것으로서 전투부대와 지휘부간의 분리, 병참부대로부터의 분리, 수송이나 통신체계로부터 분리 등을 의미한다. 당시 중공군의 훈련교범에는 구체적으로 적의 통신체계와 통신시

---

16) 파괴활동이라 해석되기도 한다.
17) 물론 중공군에 의해서만 물리적 포위가 이루어 진 것은 아니다. 지형조건도 포위를 달성하는 데 상당히 중요한 요건이었다.

설, 교량, 도로와 철로, 차량, 기차역, 병참부대의 파괴를 의미한다고 기록되어있다. 그러한 전술은 바둑에서 상대방의 돌을 이격시키고 분리시키는 전술, 즉 갈라치기와 비견될 수 있는데 이 전술의 특징은 포위가 확실히 달성되기 이전에도 시도된다는 것이다. 바둑과 모택동 전략에서 분리 및 기동은 작전의 중요한 전술적 개념인 포위를 실현하는데 있어 가장 기본이 되는 요소였다.

전후방이 없는 퍼즐양상의 전쟁

중일전쟁간 중국 공산당 거점지역에서 벌어졌던 전쟁을 바둑의 전략과 비교하여 분석해보자. 중국 중북부 지역에는 일본의 거점이 산재해 있었으며, 이는 바둑게임 중반에[18] 상대방의 돌들이 상호 관계를 유지하며 유기적으로 결합되어 있는 것과 비슷한 양상이다. 모택동은 다음과 같이 언급하고 있다.

"광대한 지역에서의 지구전이라는 특성을 갖는 항일전쟁은 군사, 정치, 경제, 문화적으로 혼재된 전쟁(퍼즐 양상의 전쟁)이라 할 수 있다. 모든 중국인들은 이 혼재된 전장에서의 승리에 혼신을 바쳐야한다."[19]

---

18) 바둑의 초반, 중반, 종반 대국의 구성요건에 대해서는 의견이 다양하다. 제6장에서는 50여수까지를 초반으로 상정했기 때문에 대략 120-130수까지를 중반이라고 가정할 수 있을 것이다.
19) SMW, p. 222.

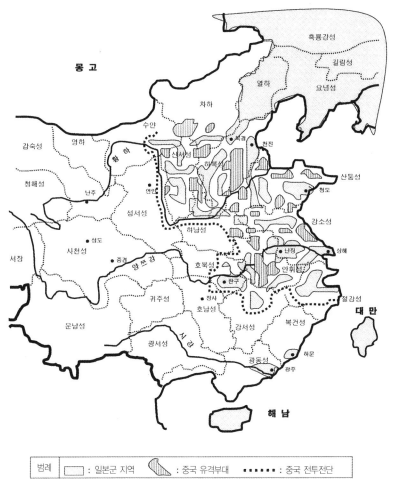

| 범례 | ☐ : 일본군 지역 | ◣ : 중국 유격부대 | ▪▪▪▪▪ : 중국 전투전단 |

〈지 도 6〉 중국상황 (1941년경)

그림 16과 지도 6을 비교해보면 바둑의 양상과 모택동이 묘사한 상황
과의 유사성을 발견할 수 있다. 제1장에서 퍼즐 양상에 대해 다소 추상
적인 개념을 이용하여 설명하였다. 구체적으로 살펴보면. 그림 16은 전
형적인 바둑 대국의 중반부 상황을 보여주고 있고 지도 6은 1941년경의

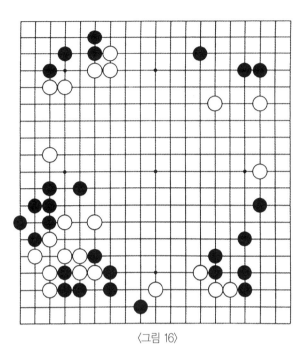

〈그림 16〉

일본군과 공산당 세력의 대략적인 배치를 보여주고 있다. 두 경우 모두 백이 부분적으로 흑을 포위하고 있고, 마찬가지 흑도 백의 세력을 절반 쯤 둘러싸고 있다. 모택동의 교시를 다시 인용하자면 다음과 같다.

"전체적인 맥락에서 우리가 적에 의해 포위되어 있다는 사실은 의심의 여지가 없다. 왜냐하면 적은 전략적인 공세를 펼치고 있으며 외선(exterior

---

20) 외선과 내선의 개념을 알아보자. A라는 부대가 견고한 진지를 방어하고 있고 B라는 부대가 A를 포위하고 있다면 A가 내선에, B가 외선에 위치하고 있다고 정의한다. 전술적으로 외선에 위치한다는 뜻은 전체적으로는 포위되어있지만 특정 접근로상에 A의 부대들이 포진하여 B의 부대를 포위할 수 있다면 그 접근로상에서는 A가 외선작전을 수행한다고 할 수 있는 것이다. 이러한 개념하에 모택동의 전략을 이해할 수 있다. (역자 주)

21) SMW, pp. 220-221. 혁명전쟁을 종종 모자이크(mosaic)에 비교하기도 한다.

lines)에서 작전을 수행하고 있는 반면 우리는 전략적인 수세에 있고 내선 (interior lines)에서 작전을 수행하고 있기 때문이다. 그러나 이것은 상대방을 포위하기 위한 첫 번째 단계로 해석해야 한다. 즉, 우리는 서로 상이한 접근로를 따라 진격하는 적을 아군지역에서 포위할 수 있다. 왜냐하면 우리는 전술적인 외선[20]에서 전투를 벌이고 있기 때문이다. 이것이 우리가 수행하는 역포위 작전 (counterencirclement)의 첫 번째 형태이다. 또한 적의 후방에 위치한 우리의 거점들을 감안한다면, 각 지점은 산서성(山西省, Shansi)의 서북쪽 오대산(Wutai) 산악지대와 다른 삼면에 의해 사방에서 일본군에 의해 포위된 형상이다. 그러나 이러한 위치를 전체적인 맥락에서 본다면 반대로 우리가 적을 포위하고 있다는 것을 알게 될 것이다. 이것이 우리의 두 번째 역포위 작전의 형태이다. 즉, 포위전술을 수행할 때 적의 관점에서 또 우리의 관점에서도 바둑에서와 같이 두 종류의 포위가 있는 것이다."[21]

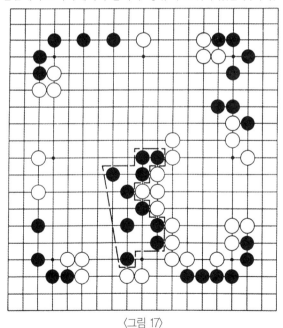

〈그림 17〉

바둑의 중반과 비슷한 양상으로 전개된 1937-45년 사이 전쟁의 두 번째 특징은 전략적상황의 유동성이다. 바둑은 대국이 진행됨에 따라 유동성이라는 특징을 갖는다. 바둑판의 상당한 부분이 어느 편의 집도 아닌 상태로 남아있는 상황이 계속되기도 한다. 또한 어떤 돌들은 지원 받을 수 있는 인접한 돌들이나 「집」이 없어 고립되어 보일 때도 있지만, 상대편의 배후에서 더 큰 규모의 포위를 위해 나름대로의 역할을 하고 있을 때도 있다. 예를 들면, 그림 17에서 보는바와 같이 점선으로 표시된 돌들은 명확한 집을 형성하고 있지는 않지만, 다른 돌과 협력하여 백의 중앙 진출에 큰 위협으로 작용하고 있다. 중일전쟁에서도 다수의 공산당 유격거점은 소규모였으나 유동적이라는 특징을 가지고 있었다. 이와 관련하여 모택동은 「군사선집」에서 다음과 같이 말하고 있다.

"적과 대처하여 전선을 형성하고 있는 아군의 주력부대에게는 군수물자 등을 보급 받을 수 있는 후방지역이 있다. 각각의 유격기지(Guerrilla Base)는 소규모이나, 역시 나름대로의 후방지역이 있으며 유동적인 전선을 유지 한다. 유격대(Guerrilla Detachment)는 적의 후방지역에서 단기간의 작전을 수행하기 위해 유격기지로부터 파견되며 이들은 후방지역이나 전선이라는 개념도 없이 작전을 수행한다. 유격대의 입장에서 볼 때 전 대륙에 후방이 없다는 것이 혁명전쟁의 특징이다."[22]

뛰어난 바둑 기사(棋士)는 절대 안전한 전선이나 후방의 존재를 가정

---

22) SMW, p. 220.

하지 않는다. 모택동의 전쟁과 바둑에서 공히 나타나는(특히 1937-1945 기간동안의 양상에서 볼 수 있듯이) 퍼즐 양상은 내선작전과 외선작전이 혼재된, 다시말해서 전방과 후방의 구분이 없는 모습이다. 모택동은 이러한 특징에 대해 다음과 같이 설명하고 있다.

"항일전쟁은 주로 내선에서 일어난다. 정규부대와 유격부대간의 관계를 고려해 볼 때, 정규군은 내선에서, 유격 부대는 외선에 위치하게 되는 형상을 나타내는데 이는 적부대에 대해 효과적인 협공작전을 수행할 수 있다는 것을 의미하는 것이다. 여러 유격기지간의 관계도 같은 논리로 설명이 가능하다. 공산당 지역은 그들 자신의 관점에서 볼 때 내선에, 다른 지역들은 외선에 위치하고 있는 형상이며 그들은 힘을 합쳐 적을 협공할 수 있는 여러 개의 전선을 형성할 수 있다."[23]

위의 인용을 통해 중국 공산당 전쟁의 전체적인 양상을 더 잘 이해할 수 있을 것이다. 유격전쟁에는 두 가지 형태가 있다. 첫째는 로렌스(T.E. Lawrence)[24]나 미국 인디언들이 수행한 형태의 유격전쟁이 있다. 이런 유격전쟁에는 내선이나 외선이 없고 단지 광활하게 비어있는 공간과 그 공간에서의 유격활동만이 있을 뿐이다. 두 번째는 모택동식 유격전쟁이다. 이러한 형태의 전쟁에서는 그 공간에 거주하는 사람들이 많고 또한,

---

23) SMW, pp. 219-220.
24) T.E. 로렌스(Thomas Edward Lawrence : 1888 1935년): 영국의 탐험가이자 고고학자. 영화 〈아라비아의 로렌스〉의 실재 모델로 유명하다. 제1차 세계대전 때 정보장교로 아랍권의 독립을 위해 반 터키 게릴라 부대를 지휘했다.

유격조직이 대규모라는 특징이 있다. 이것을 전형적인 바둑모델과 비슷한 유격전쟁으로 분류될 수 있다. 내선과 외선을 가지고 있고, 조직적인 거점[집]과 행위자[돌]를 가지고 있는 전쟁은 두 번째 형태의 유격전쟁이다.

　공산당은 가장 강력하고 넓은 거점[집]들을 중국의 귀[중국 북부의 산악지대]를 따라 형성했고 중국 북부 평야지대와 양쯔강 유역에 소규모 거점[이음돌]을 구성했다. 이러한 정책의 원칙은 다음과 같다. 모든 내선에서의 포위를 효과적으로 전개시키려면 이에 상응할 수 있는 거점들이 외선에 점령되어 있어야한다. 즉, 안전한 지역의 내선에만 노력을 집중시킨다면 절대로 주도권을 장악할 수 없다는 것이다. 명심해야 할 것은 고수들은 귀와 변을 따라 집을 지으면서도 중앙지역에 영향력을 행사하기 위해 노력한다는 것이다. 중국에 있어 평야지대의 거점[집]들은 그림 17에서와 같이 외선에 있는 돌들의 집합[이음돌]으로 볼 수 있다. 즉, 견고하게 구성되어 있지는 않지만, 전략적으로 중요한 부분이다. 이러한 원칙에 대해 모택동은 다음과 같이 말하고 있다.

　"물론 평야지대는 산악지대와 비교할 때 그리 유리한 지형은 아니다. 그러나 그곳에서 유격전투를 수행하거나 거점(집)을 확보하는 것이 불가능한 것은 절대 아니다. 하북(河北, Hopei)지역과 산동성(山東, Shantung) 북부 또는 서북부지역에서 광범위하게 실시되고 있는 유격전투는 평야지대에서도 유격전쟁이 가능하다는 것을 여실히 증명해주고 있다. 계절에 따라 여름에는 키가 큰 작물을 이용하여 은폐 엄폐물로 삼고 겨울에는 얼어붙은 강을 이용하여 얼마든지 유격전쟁을 수행할 수 있다. 적은 이러한 전쟁에 대처하기에는 전투력이 부족하며 설사 대응할 수 있는 전투력을 가지고 있더라도 다양한 방법과 장소에서 일어나는 모든 전투에 대응할 수는 없는 것이다. 우리는 평야지대에서도 유격전쟁을 확산시켜야하며 상황에 따라 임시적인 유격기지도 구축해야 한다."[25)]

계절에 따라 변화하는 유격기지의 특징은 바둑에서 죽은 것 같았던 돌들이 전략적 상황에 따라 새로이 생명력을 얻는 것과 같다. 바둑의 기법을 적용한 모택동의 전략은 복잡성을 강조하고 있고 조미니(Jomini)와 같은 서양의 전략가들은 체스를 응용한 단순함을 강조하고 있다.

지구전

1938년 모택동은 연안참모학교(Yenan Staff College)에서의 연설을 종합 정리해 『지구전』(On Protracted War)이라는 제목으로 책을 출판했다. 이 책에는 1938년의 군사 정치적 상황을 근거로 중국을 침략 중이던 일본에 대한 방어계획을 제시하고 있다. 비록 그의 전략은 공산당 점령지역 내에서만 효과적으로 실행되었지만, 중국 공산당 전략의 개념을 제시한 자료로 평가받고 있다. 그는 일본의 침략을 방어하기 위해서는 3단계 과정을 효과적으로 수행해야 한다고 생각했다. 첫 번째는 중국전체가 일본의 공격에 대해 전략적 방어를 실시하는 단계로 일본군이 연안(沿岸)에서 내륙에 이르는 광범위한 지역에 대해 영향력을 확대하는 단계이기도 하다. 두 번째는 교착상태를 유지하는 단계이고 세 번째는 중국 공산당이 전략적인 공세를 펼치는 단계이다. 이 단계를 접바둑의 양상을

---

25) SMW, pp. 167-168.

적용하여 초기, 중기, 말기로 구분해서 비교해보도록 한다.

모택동이 1938년 방어작전 또는 역공격 모델을 발전시키고 있었을 때, 이미 접바둑은 시작되고 있었다. 일본이 중국을 침공할 당시의 상황은 한 기사(중국)가 바둑판에 이미 여러 집을 짓고 있는 대국의 초기 상태와 같았다. 그러나 중국인들의 치석은 모택동이 인식한 것처럼 그리 강력하지 않아 일본이 그들의 바둑판에 새로 집을 짓는 것을 막기에는 역부족이었다. 모택동이 언급했듯이, 전쟁 초반에 중국은 전쟁을 대비하는데 실패했고 결과적으로 침략군을 봉쇄 및 포위하기 위해 중국의 해안지역을 방어한다는 국민당의 전략은 마치 바둑의 초보자가 바둑판 전체의 장악을 시도하는 것과 같이 참담한 결과를 초래했을 뿐이었다.

모택동 지구전 이론의 목적은 국가방위에 있어서 기존과는 다른 새로운 방법을 제시하는 것이었다. 모택동 지구전 이론의 핵심은 일본이 중국의 중앙핵심부를 장악하기 위해 기동한다는 가정에서 시작된다. 바둑의 원칙에서 본다면 이러한 중앙지역은 인적 또는 지리적인 중심으로서 초보자들에게는 집을 짓고 싶은 매혹적인 지역이다. 중국 공산당은 적의 잘못된 전략을 최대한 이용하는 지혜를 발휘하였다. 그런 상황을 효과적으로 이용하는 방법은 정치군사적인 바둑판의 귀 또는 변 근방을 우선적으로 장악하는 것과 외견상 중요한 중앙의 집들을 일시적으로 나마 일본이 점령하도록 내버려 두는 것이다. 특히, 중국 공산당 측은 전략적으로 중요한 목표를 달성해야 했는데, 그것은 중국 대중으로부터의 지원을 받을 수 있는 확고한 거점 즉, 인적 바둑판의 귀 또는 변을 강화[굳힘]하는 것이었다. 또한, 중국 공산당은 일본군이 배치된 전선(戰線) 후방에 있는 지방 거점의 개발을 강조하였으며 실제로 그러한 목표를 달성하였다. 중국 공산당은 귀와 변을 우선 장악하는 전략을 충분히 활용하여 적어도 작전술 수준에서는 일부 일본군을 포위하거나 사석(死石) 상태로 만들 수 있었다. 상대 돌을 잡아내는 전형적인 예는 임표(Lin Piao) 휘하의 공산군이 한 일본군 여단에 대해 결정적인 승리를 거두었던 1937년 9월 하북–산둥성 지경선에 있는 평형관(平型關) 전투와 1938년 봄 중국동부의 서주(徐州, Hsuchow) 근방 에서 광서(廣西, Kwangsi)출신 장군 이종인(李宗仁)과 백종희(白宗禧) 휘하의 국민당군이 일본에 대해 거둔 승리 등에서 볼 수 있다.

첫 번째 단계에서 모택동에 의해 구상된 전략은 결정적인 전투를 회피하는 것이었고 이는 시작단계에서 직접적인 교전을 회피하는 바둑의 전략과 같았다. 모택동은 상호 교착상태가 지속되리라 예상하여 두 번째 단계에서는 교착상태를 지속하면서 일본군이 점령한 지역을 유격활동을 통해 계속적으로 회복해 나갔다. 하지만, 이 단계까지도 중국인들은 일본군을 완전히 무력화할 수 있는 충분한 역량을 보유하고 있지는 못했다. 이 단계에서의 중국 공산당 전략은 바둑 대국의 중반부의 상황과 비슷하게 상대방을 분리, 고립시키기 위해 노력하고, 중앙으로의 영향력 확대를 도모하며, 포위 또는 섬멸전을 펼치기 위한 환경을 조성하는 것이었다. 이 단계에서는 전략의 특성상 군사력을 불연속적으로(적의 전·후방 구분없이 근거지를 형성하였음: 역자 주) 배치하였는데 이는 바둑의 중반부 국면과 유사한 양상이다.

다음 논리를 전개하기 전에 염두에 두어야 할 것은 바둑의 마무리 단계의 양상과 모택동이 구상했던 지구전의 셋째 및 마지막 단계의 양상간에 유사성은 이전 단계와 같이 명료하지 않다는 것이다. 모택동과 이후의 중국 공산당 전략가들은 전쟁의 마지막은 포위와 섬멸단계라고 구상하였다. 그러나 실력이 비슷한 상대끼리 겨루는 바둑 대국의 종반에는 새롭게 집을 짓는 전략은 최소한으로 하며 대규모 섬멸전을 구사하지는 않는다. 그리고 기사들은 통상 상당한 양의 집과 돌들을 보유한 채 대국을 종료한다. 그러나 이러한 차이점은 모택동과 그의 참모들을 바둑의 고수들로, 일본군을 초보자라고 가정할 때 어느 정도 해소될 수 있을 것이다. 모택동은 실제로 그의 저서에서 일본군을 전략적인 면에서 무능한 집단으로 평가했고 이에 따라 그는 최후의 섬멸전을 자신 있게 구상했던 것이다.

바둑 대국에서 비슷한 상황은 자주 발생한다. 바둑의 고수가 초보자와 대국을 할 때 초보자가 치석(바둑 시작 전에 하수가 미리 놓는 돌)으로 인해 초반에 유리하더라도 결국 그는 참패를 면할 수 없다. 고수는 초보자와 대국할 때 전략적이고 전술적인 게임 운용을 통해 종국에는 바둑판 전체를 완전히 장악하게 되는 것이다. 이러한 가정은 1945년 일본의 패망이후 시작된 국공내전에서 그 타당성이 입증되게 된다.

국공내전(1945-1949)

국공내전(1945-1949)[1]

1) 국공내전의 움직임은 일본의 패배가 결정적인 단계로 접어들면서 현저하게 나타났다. 일본침략
군이 항복한 1945년 8월 평화를 갈구하는 중국 국민의 여망을 배경으로 국민당의 장개석[蔣介
石]와 공산당의 모택동[毛澤東]이 중경[重慶]에서 화평교섭회담(和平交涉會談)을 개최하였다. 이
회담에서 쌍방은, ① 내전회피, ② 정치협상회의 개최, ③ 각 당파의 평등한 지위 승인 등에 관
한 협정을 논의하고, 그 결과 10월 10일 '국공쌍방 대표회담 기록요강', 즉 쌍십협정(雙十協定)
을 발표, '어떤 일이 있어도 내전을 피하고, 독립 · 자유 · 부강의 신중국을 건설한다.' 라고 합
의하였다. 그러나 국민당은 미국의 원조 하에 끝내 중공과의 제3차 국공합작을 거부하고 장개
석은 4대 1이라는 압도적 군사력을 배경으로 협정을 파기하였다. 한편 모택동도 강경히 이에
맞서 응전태세로 나왔기 때문에 마침내 1946년 전면적인 내전으로 돌입하게 되었다. 중공군은
국민당군을 유도하여 각개(各個) 격파의 작전을 전개하였고, 또한 그 세력권 내에서 토지개혁을
추진하여 정치적 · 군사적인 기반을 닦아 나갔다. 또 한편으로 '인민민주통일전선' 을 결성하여
국민당을 고립시키는 전략 · 전술을 전개하였다. 반면에 국민당정부는 민중의 지지를 얻지 못하
여 1947년 말부터는 국민당과 공산당의 세력관계가 역전되기 시작하였고 중공군은 전 전선에
걸쳐 총반격을 개시하여 세력권을 확장해 나갔다. 마침내 중공은 국민정부를 대만(臺灣)으로 몰
아내고 1949년 10월 1일 중화인민공화국을 수립하였다. (역자 주)

중국 공산당의 권력 장악과정의 세 번째이자 마지막 단계는 조지 마샬(George C. Marshal)장군이 국민당과 공산당간의 전면전을 방지하고자 한 노력이 수포로 돌아간 후인 1946년 7월부터 시작되었다.[2] 당시 국가적 차원 즉, 대전략(Grand Strategy)의 차원에서 작전의 형태는 바둑의 중후반 양상과 상당히 유사했다.

1945년 이후 공산당 군사전략의 성격은 변화하기 시작했다. 1945년 이전의 중국 공산당의 군사 작전은 원시적인 통신망과 교통수단을 이용하여 다수의 소규모 부대와 불과 수천 명의 정치군인들을 통합한 형태로 이루어지곤 했다. 그러나 1945년 이후 중국 공산당은 부분적으로 기계화된 대부대(大部隊)를 조직하기 시작했고, 이로 인해 대규모 군사작전의 수행이 가능해졌다. 또한, 초보적이긴 했지만 현대적인 군대의 특징과 양상을 띠기 시작하여, 무전기, 포병, 심지어 전차까지 이용하는 수준에 이르렀다. 이와 같은 내전 후반기의 특징을 좀 더 자세히 살펴보자.

국공내전(國共內戰) 개관

중일전쟁은 중국 공산당이 중국 북부지역 대부분 (산서, 하북(河北, Hopei), 산둥 (Shantung))과 중부지역 일부(강소(江蘇, Kiangsu), 안휘(安徽, Anhwei), 하남(河南, Honan))을 장악한 상태에서 종결 되었다. 1945년 말에 국민당은 일본이 중국 침략시 점령했던 지역과 성격이 유

---

2) 미국의 개입으로 평화협상에 대한 가능성은 1947년 초까지 계속 존재했었다. 그러나 일본의 패망이후 양 세력간의 분쟁은 대규모로 진행되어 갔다.

사한 지역들을 점령했다. 즉, 국민당은 도시지역과 보급로를 중심으로, 공산당은 성 주변의 농촌지역을 점령했던 것이다. 그러나 국민당은 어떤 면에서는 중일전쟁당시 일본군보다 불리한 상황에 놓여 있었다. 일본이 항복하고 소련이 북쪽으로 철수한 다음, 중국 공산당은 하얼빈(Harbin) 과 같은 대도시를 포함한 만주 대부분을 점령하기에 이르렀기 때문이다 (지도 7 참조).

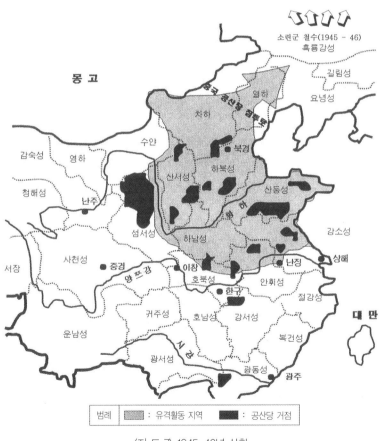

〈지 도 7〉 1945-46년 상황

1945년 후반 국민당은 공산당의 통제 하에 있는 만주지역에 최정예 부대를 투입하기 시작했다. 1946년 말 국민당은 중국 동북지역에서 가장 인구가 많은 4개 도시 중 길림(吉林, Kirin), 장춘(長春, Changchun), 봉천(Mukden)[3] 등 3개 도시를 점령할 수 있었다. 남쪽지

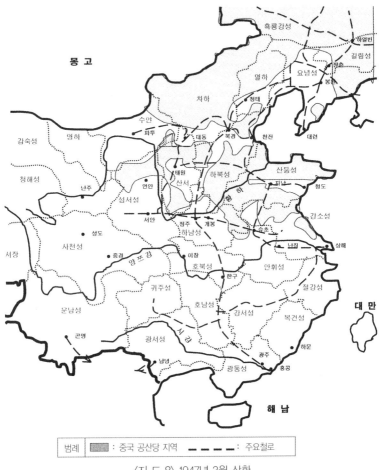

범례 ▨ : 중국 공산당 지역   ━ ━ ━ ━ : 주요철로

〈지 도 8〉 1947년 3월 상황

---

3) 오늘날 선양(瀋陽)

역에서는 호북(湖北, Hupeh), 하남 남부지역을 석권한 후, 강소 동부지역에 있던 공산군을 공격했으나 실패했다. 국민당은 중국 북부 하북, 산서 지역에 많은 도시를 점령했으나 도시간 보급로 및 통신체계는 거의 갖추어지지 않았다. 또한, 산동지역에 청도(靑島, Tsingtao)-제남(지난)(濟南, Tsinan)간 철도를 장악했으나 역시 지역간의 원활한 소통은 보장되지 못했다.

지도 8을 참고로 하여 1947년 전장양상의 특징을 세 지역에서의 전투를 비교함으로 분석하여 보자. 서부지역에서는 국민당이 섬서(陝西省)지역 연안(Yenan)에 위치하고 있던 공산당을 공격했고, 동부지역에선 산동지역을 공격했다. 동북지역에선 만주에 대한 통제권을 넓히려는 시도를 하였다. 국민당은 공산당의 수도였던 연안을 점령하는데 성공했으나 이미 공산당이 소개된 상태였기 때문에 뚜렷한 군사적 성과를 얻지는 못했다. 중국 동부에서 국민당의 산동 공격작전은 실패로 돌아가 공산당을 포위 섬멸하려던 계획은 수포로 돌아갔다. 오히려 1947년 8월 이후 공산당이 전쟁의 주도권을 잡기 시작했다. 하북(河北)에 주둔하고 있던 공산당 주력부대가 서쪽으로 공격을 감행하여 양쯔강유역까지 진격할 수 있었다. 공산당은 주력부대의 서진으로 인해 초래되는 하북지역의 공백상태를 최소화하기 위해 산동지역의 병력을 철수시켰으나 산동지역내 잔류부대는 계속적인 유격활동을 전개하여 국민당군의 전력과 사기를 떨어뜨렸다. 만주 북부에서 계속적인 성공을 거듭한 공산군은, 열하(熱河, Jehol)와 요녕(遼寧, Liaoning)에 주둔한 국민당군 부대간의 병참선을 위협하였다. 이후 중국 북부에서의 국공내전은 교착상태로 빠져드는 양상을 보이기 시작했다.

1948년에 들어서 전장 상황은 급격히 변화되기 시작했다. 만주 전역에서 공산당 1월 공세로 인해 국민당은 핵심 목표를 상실하기에 이르러, 길림, 장춘, 봉천은 고립되고 만다. 9개월간의 포위로 인해 마침내 동북 지역의 국민당 진지는 궤멸되고 후속하여 중국 본토 전역에 걸친 전략적 패배로 이어진다. 중국 북부에서도 공산당이 공격작전을 실시하여 연안을 재탈환하게 되고 서남지역의 사천성(四川省, Szechwan)지역까지 위협하기에 이른다. 국민당의 마지막 보루였던 산서성 지역 태원(太原)이 포위되어 결국 1948년 4월에 점령되고 국민당의 수도이자 거점이었던 산동의 제남(지난)이 함락된다. 결과적으로 1948년 후반에 이르러, 공산당은 북평(北平)[4], 장춘(長春), 봉천(奉天) 지역을 제외한 중국북부의 대부분 지역을 통제하게 되었고, 위 세지역도 1949년 초반에 점령하여 만주 전 지역을 석권하기에 이른다. 일반적인 상황은 지도 9와 10을 참조하기 바란다.

지속적인 후퇴와 내분으로 지리멸렬할 위기에 처해있던 국민당은 마침내 결정적인 패배를 당하게 된다. 1948년 후반기로 접어들기 직전에 국민당 지도부는 지속적인 패배에도 불구하고, 양쯔강을 중심으로 중국 중부를 효과적으로 방어할 수 있다는 희망을 버리지 않았다. 1948년 11월 북부와 동부에서 접근하는 공산당과 국민당간의 결정적인 전투가 서주(徐州)의 철도가 교차하는 지역과 회하(淮河) 사이에서 벌어진다. 그러나 전투가 시작 된지 6개월도 되지 않아 국민당은 백만이 넘는 병력을

---

4) 지금의 북경(베이징)

잃고 패배하고 만다. 이후의 작전은 전투라고 불릴 수 없을 정도로 소규모로 진행되었다. 국민당은 그나마 영향력을 유지하고 있던 지역을 방어하는데 급급했으나 계속되는 항복과 탈영으로 수만 명의 조직원을 잃었

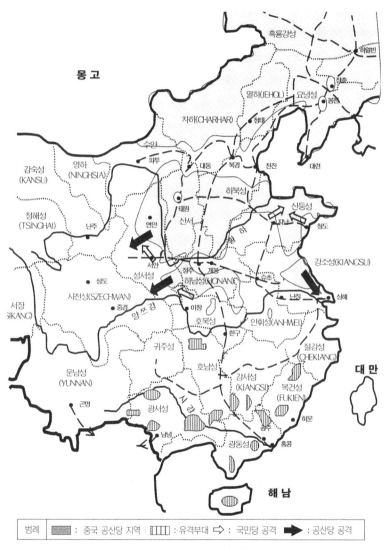

범례 ▨ : 중국 공산당 지역 ▥ : 유격부대 ⇨ : 국민당 공격 ➡ : 공산당 공격

〈지 도 9〉 1948년 5월 상황

고, 1950년 1월 이후로 중국본토에서 국민당의 조직적인 저항은 더 이상
존재하지 않았다.

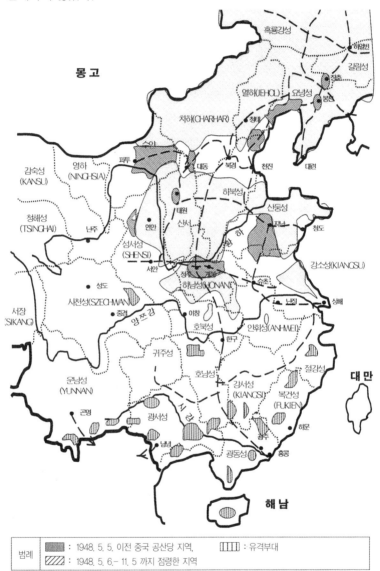

| 범례 | : 1948. 5. 5. 이전 중국 공산당 지역. | : 유격부대 |
| | : 1948. 5. 6.- 11. 5 까지 점령한 지역 | |

〈지 도 10〉 1948년 11월 5일 상황

만주지역에서의 게임

러시아와 한국에 의해 삼면이 둘러싸이고, 서쪽으로는 고비사막과 바다로 막힌 만주는 하나의 독립된 게임판(바둑판)으로 가정될 수 있다(지도 11 참조). 1945년 초반에 공산당과 일본제국주의는 만주라는 바둑판에서 집을 차지하고 영향력을 행사하기 위해 부단한 노력을 했다. 그러

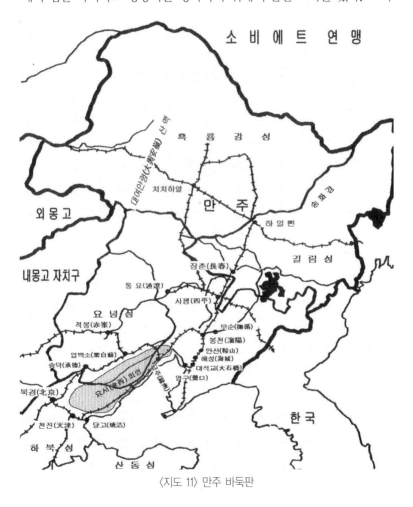

〈지도 11〉 만주 바둑판

나 중국 공산당은 1945년 이전에 중국 북부 및 중부지역에서의 상황과 달리 만주지역에서의 전과는 그다지 성공적이지 못했다. 1946년 말 공산군의 지휘관이었던 임표(林彪) 장군은 중국 북부와는 달리 그 지역에서는 공산당 활동에 대한 충분한 지지를 얻지 못하고 있는 상황이었다고 술회하고 있다. 즉 1945년 초에 게임의 양상은 비교적 정체되어 있었던 상황이었다고 정의내릴 수 있다.

1945년 8월, 소련은 일본에 대한 선전포고 후 만주를 침공했다. 소련의 붉은 군대가 만주를 점령한 후 9개월 만에 철수하기 시작했을 때, 소련의 지원을 받으며 중국 동북지역 바둑판에 주도면밀하게 돌을 착수하고 있었던 중국 공산당은 새로운 상대인 국민당과 조우하게 된다. 국민

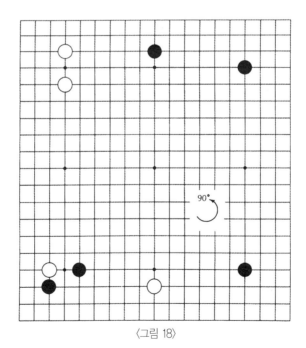

〈그림 18〉

당은 공업시설의 대부분이 소련에 의해 해체되고 옮겨졌지만 여전히 비옥한 땅인 만주지역에 대해 통제권을 확충하려는 노력을 하고 있었다. 1946년 초반까지 공산당은 만주 북부와 서부지역에 정치적, 군사적 영향력을 가지고 있었고, 국민당은 봉천지역과 장춘을 포함한 만주 동부와 중부지역에 그 영향력을 확대하고 있었다. 당시 만주지역에서의 양측의 규모는 국민당이 약 150,000명이었고, 공산당은 그들의 주장에 의하면 거의 두 배의 병력을 보유하고 있었다.

당시의 전략적 상황을 바둑으로 설명해보면, 게임 초기에 한 기사는 바둑판의 상부 및 그와 이어지는 변에 집중하여 포석(布石)하고, 다른 기사는 바둑판 하부에 치중하여 포석하고 있는 상황으로 볼 수 있다. 당시 실제상황과 유사한 형태로 바둑이 진행되었던 1951년 제 6회 세계바둑선수권대회중 한 게임을 인용하여 만주에서의 상황을 설명하고자 한다. 그림 18은 아홉 번의 착수 후 백과 흑의 상황을 보여주고 있다. 이 바둑판을 반시계방향으로 90도 회전시킨다면, 흑의 상황은 1946년 초기 만주지역에서의 공산당, 백은 당시의 국민당의 세력과 비교될 수 있다.

위에 언급했듯이 만주에서 국민당의 첫 번째 전략적 목표는 일본이 점령했었던 도시지역, 산업지대, 그리고 보급 및 통신망을 통제하는 것이었고 바둑판의 변방에 해당하는 주변지역의 통제는 차선책에 불과했다. 반면 공산당의 목표는 국민당을 포위하여 궤멸시키고 전체를 장악하는 것이었으며 이것은 바둑의 진행순서와 거의 일치하고 있다. 그러나 공산당은 궁극적인 목표를 달성하기 위해서는 먼저 송화강(松花江, Sungari) 북쪽에 위치한 공산당 근거지를 점령하려고 하는 국민당의 북진을 저지해야 했다.(지도 11 참조).

1946년 6월 초 장춘에 주둔하고 있었던 국민당의 제일선의 부대가 송화강 북쪽 제방에 교두보를 확보한 후에 하얼빈으로의 진격을 준비하였다. 이에 대응하여 공산군 지휘관들은 바둑의 고수답게 간접적인 방법을 이용하여 작전을 수행했다. 즉, 만주 북부에 산개되어있는 거점을 중심으로 한 방어 작전을 수행하기 보다는 가능한 모든 전력을 결정적인 지점에 집중하는 전략을 이용했던 것이다. 공산당은 만주와 하북(河北)간의 국민당 보급로를 단절시키기 위하여 요서회랑(遼西回廊)을 집중 공격했다. 공산당은 동쪽으로 안산(鞍山, Anshan), 해청(Haicheng), 대석교(大石橋, Tashihchiao)를 점령하여 국민당의 군수 보급항으로 사용되고 있었던 영구(營口, Yingkow)를 위협하기에 이르렀다. 회랑의 다른 쪽에서는 적봉(赤奉, Chihfeng)-엽백소(葉白蘇, Yehposhou)간 철로를 차단했다(지도11 참조).

두 차례의 공격은 최소비용으로 최대효과를 달성한 작전이었다. 보급로를 위협받게 된 국민당군은 잃어버린 도시들을 회복하기 위해 북쪽 주력부대의 일부를 남쪽으로 전환하였으며 북쪽에(장춘일대) 위치한 부대의 진격은 1946년 6월 7일의 일시휴전으로 더 이상 진행되지 못했다. 같은 해 7월 휴전이 무위로 돌아가고 난 후, 보급로의 취약성을 깨달은 국민당은 열하(熱河) 지방에서 다시 작전을 전개하여, 봉천 일대를 점령할 수 있었다. 그러나 이러한 행동은 "이미 놓은 수에 미련을 갖지 말라"는 바둑의 격언에 어긋나는 행동이었다.

1947년 2월, 공산당은 하얼빈을 점령하기 위해 준비 중이던 국민당군에 대해 직접적인 공격작전을 실시하였다. 또한 통요(通遼)에 대한 공격을 통해 국민당군의 측면을 위협하기 시작했다. 공산당은 퇴각하는 국민당군의 양측면을 완전히 포위하기 위해 270,000명의 병력을 만주 중부지역으로 투입했다. 이러한 측면공격과 포위작전의 과정은 바둑에서 정면공격을 받음으로서 발생하는 손실을 최소화 하기위해 상대방의 측면을 공격하는 상황과 유사하다(끊음 또는 절단(切斷)). 즉, "상대방의 집을 줄이기 위해서는 그의 어깨를 쳐라(삭감에는 어깨짚음)[5]"는 바둑의 격언이 생각나게 하는 전략이었다.

요서회랑에 대한 공산당의 공격은 더욱 거세졌다. 요녕성과 요서지방 접경지역을 주요 기지로 삼아 실시된 공격작전에서 공산당은 요녕성 일대를 탈환할 수 있었고, 6월 초, 요하(遼河, Liao river) 남부지역에 대한 공격으로 요녕(遼寧, Liaoning) 지역을 양분할 수 있었다. 위의 두 공격작전의 목적은 만주의 남부, 중부지역에 펼쳐져 있었던 국민당의 영향권역에 대해 포위망을 좁혀가는 것이었으며 이는 바둑에서의 양분(분리)작전과 같은 것이었다. 이 공격작전으로 요서 회랑의 양쪽지역을 동시에 위협할 수 있었는데, 이것은 분리된 상대를 각개격파하는 바둑의 전법(戰法)과 유사한 방법이었다.

---

5) 변이나 귀에서 상대방의 집 모양을 삭감(눌러버림)하기 위해서는 깊지도 얕지도 않은 적정한 지점을 포착해야 한다는 바둑의 격언이다. (역자 주)

국민당의 반격으로 인해 일시적으로 공산당이 전 정면에 걸쳐 철수할 수밖에 없었지만, 전체적인 전략적 양상에는 거의 영향을 주지 못했다. 공산당은 1947년 봄에 남쪽지역으로 150여 마일을 기동했으며, 장춘, 길림, 봉천지역을 동시에 고립시키며, 철도의 연결지점들을 완전히 파괴하였다. 이후 공산당은 만주지역에서 마지막 공세를 시작했는데 1948년 1월, 요서회랑을 재차 공격함으로서 당시 국민당 보급로의 핵심 축이었던 북경–봉천간 철로를 수직으로 종단하여 요서회랑을 사이에 둔 양 거점을 절단하는데 성공하였다. 바둑에 비유하면 판세는 점점 단순해져 가면서 공산당의 위치는 상호 연결된 구조로 형성되어져가는 반면에 국민당의 위치는 점점 각개 격파될 가능성이 많은 고립된 지역으로 몰리는 형국이었다. 국민당의 영역[집]은 위에 언급한 세 개의 주요도시 중 봉천 인접지역으로 집중되어졌으며 바둑에서와 같이 포위를 당하고 상대방에게 잡히는 양상이 되고 만 것이다. 남쪽으로부터의 국민당군의 반격을 격퇴하면서 공산당은 곧 국민당의 돌들을 바둑판에서 사라지게 할 수 있었다. 1948년 11월, 남만주 산업기반의 중추였던 봉천이 임표 부대에 의해 점령됨으로서 만주지역에서의 대국은 종결된다.

만주전역에서 승리는 바둑전략을 적용한 중국 공산당 지휘부의 승리였다. 결과적으로 공산당은 전략적으로 중요한 지역인 만주를 확보하고 만리장성 이남지역으로 진격을 위한 안정된 발판(작전기지)를 얻을 수 있었다. 만주지역에서의 전쟁양상은 바둑전략의 중요한 세단계 공격과정을 보여주고 있다. 차단(disconnection), 포위(encirclement), 섬멸(annihilation) 과정이 바로 그것이다. 물론, 세 가지 단계를 명확하게 구분하기란 쉽지 않지만, 일단 차단작전이 성공했을 때 포위와 섬멸은 자동적으로 후속되었다.

만주게임에서의 전체적인 양상은 그림 19~21에서 제시된 바둑전략과 대조해보면 쉽게 이해될 수 있다. 그림 19의 점선으로 표시된 바와 같이 흑을 잡은 국민당은 바둑판의 중앙에 많은 집을 차지하고 있었다. 그러나 상변과 하변에 있는 흑돌 들은 구조적으로 상호 연계가 쉽지 않게 배치되어있는 상태이다. 이러한 취약한 상호연계성은 백돌이 좌상귀와 상변에(그림에서는 A와 B로 표시되어있다.) 강력하게 포진하고, 추가적인 유격 활동(그림에서는 C로 표시되어있다)으로 인해 더욱 불안정한 형세로 귀착되고 있다.

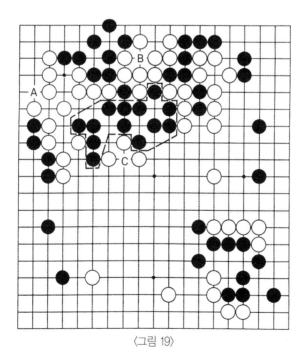

〈그림 19〉

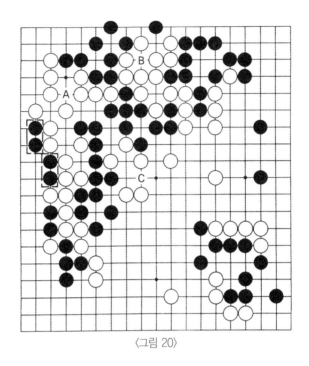

〈그림 20〉

　그림 20은 25점을 더 착수한 다음의 형세를 보여주고 있다. 지속
적인 압박을 가하면서 백돌은 좌변과 좌하귀에 있는 흑돌의 보급로에
대한 치명적인 공격을 가하고 점선으로 표시된 4점의 흑돌을 잡았다.
C지역 백돌은 유격활동을 통해 중앙과 동남쪽(우하귀)지역의 흑돌간
의 연결을 차단하고 있다. 그림 21은 대단원의 결말을 보여주고 있다.
전쟁의 승패에 결정적으로 중요한 지역은 바둑판의 하변부분(요서회
랑)이었다. 백은 요서회랑에 해당되는 D지역 흑 9점을 잡아버림으
로서 흑 대마의 숨통을 완전히 끊어버렸다. 차단작전이 성공했고,
중앙에서 흑에 대한 포위도 완료되었으니 이제 남은 것은 섬멸작전
뿐이다.

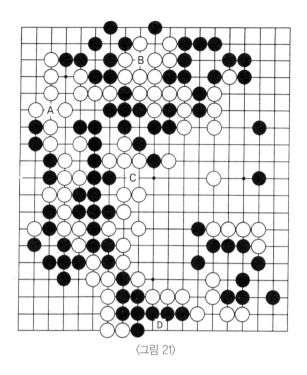

〈그림 21〉

화북(華北) 지역에서의 게임

1945에서 1949년까지 섬서, 하북, 산동, 하남, 차하(察哈爾, Chahar), 유이안(Yuiyuan)남부 그리고 섬서(陝西省) 동부, 감숙(甘肅: Kansu), 닝샤(寧夏, Ninghsia: 현재의 인촨(銀川))등 중국북부에서 벌어졌던 작전들은 독립적으로 진행된 바둑 게임이라기보다는 만주지역 게임의 연속선상에서 바라보는 것이 타당할 것이다. 지리적으로나 경제

---

6) 북중국은 4개의 지역으로 구분되어있다. 산동 산악지역, 북중국 평야지대, 산서성의 고원지대, 그리고 섬서분지이다. (역자 주)

적으로 그 지역은 구조적인 통일성이 없기 때문이다.[6] 그럼에도 불구하고 화북지역에서의 작전에 대한 분석은 중요하다.

1946-1948년 사이 벌어진 만주지역 대국에서 중국 공산당은 지금까지 살펴본바와 같이 시종일관 전형적인 바둑의 전략을 취하였다. 북중국에서 벌어진 대국 당시 공산당은 1937년부터 이 지역에 많은 거점[집]과 인적자원[돌]을 보유하고 있었으며, 중일전쟁기간을 통해 이들을 지속적으로 증가시켰다. 정치적인 면으로, 화북 지역은 수년간 공산당의 통제하에 있었고, 심리적으로는 앞장에서 설명한바와 같은 친공산당 정서가 깊게 배어 있는 곳이었다. 지리적인 관점에서 공산당은 제2차 세계대전이 종식되었을 때 대략 백만 명의 정규 및 비정규전 병력을 북중국지역에 보유하고 있었고, 일본이 패망한 후 적어도 몇 달간은 국민당에 대해 수적 우세를 점하고 있었다. 바둑의 전략으로 볼 때, 국민당은 미국으로부터의 지원에 힘입어 신속히 대부분의 중요도시와 철로를 장악하여 바둑판의 중앙지역 장악을 시도한 반면 공산당은 바둑판에서 중요한 귀와 변을 먼저 점유했고 이를 발판으로 중앙으로 압박을 가하는 포위전술을 구사할 수 있었다.

1946-48년간의 중국 북부 및 서북지역에서의 작전은 두 기간으로 구분할 수 있다. 첫째는 공산당군이 국민당군 점령지역에 대해 지속적인 공격을 가했던 시기이며 둘째는 공산당군과 국민당군이 야지(野地)에서 본격적인 회전(會戰)을 벌였던 기간이다. 이러한 기간 구분을 통해 중국 공산당 혁명의 정태적인 부분과 동태적인 부분을 구분할 수 있을 것이다. 첫 번째 시기에 수행된 작전의 전형적인 예는 산서와 하북전투에서

찾아 볼 수 있다. 그 지역에서는 도시와 철도 등 중요한 거점지역을 중심으로 공산당의 공격과 국민당의 방어가 지속적으로 수행되었다. 당시 지역을 통제하고 있었던 국민당에 대한 공산당의 공격이 성공할 수 있었던 이유를 바둑의 원리에서 찾을 수 있다. 국민당이 점유하고 있던 지역은 한 개의 돌을 착수함으로 만들어진 한 개의 교점과 같아서 도시 및 철도방어는 상호간의 유기적 협조가 없는 거의 단절된 지점들의 방어에 불과했다.

바둑판의 중앙에 집을 차지한 국민당은 나름대로 활로를 찾아 수를 놓기도 하여 종종 공산당의 보급로에 대한 잠재적인 위협이 되기도 했지만 결과적으로 인근 지역을 포위점령 하는 데는 실패했다. "대국 중반 이후 바둑판의 귀나 변에서부터 5칸 이상 떨어진 위치에 놓인 돌들로는 집을 지을 수 없다[7]"는 바둑의 격언은 이런 형국의 어려움을 잘 나타내주는 말이다. 지역을 통제하기 위해서는 산개해있는 전투력간의 긴밀한 협조가 필수적인 요소지만 당시 북중국에서 국민당이 통제하고 있던 거점과 보급로는 대부분 90~180 킬로미터 이상 이격되었고 여러 지역에서 확고한 정치적 지지를 얻고 있는 공산당은 국민당의 점령지역 내외부에서 위협을 가해오고 있었다. 또한, 국민당은 소심하고 타성에 젖은 전략에 묶여 확보된 도시와 철도를 이용한 주변지역으로의 확장과 공세적인 정찰 등의 활동을 등한시했다.

7) 당시 국민당군의 점령한 지역의 특성(도시, 철도 등)이 바둑에서는 귀와 변이 아닌 중앙지역에 가까운 지점들이며, 귀와 변에 놓여진 돌과 연계성 없이 단독으로 놓인 형국이어서 살아남기 힘들었다는 의미이다. (역자 주)

당시 국민당의 전략과 바둑의 양상을 비교분석하기란 쉽지 않은 작업이다. 바둑에서 안전하다는 것은, 많지 않더라도 적당한 수의 집을 차지하고 있는 상황을 말한다. 공산당은 안전하게 서서히 국민당의 집들을 잡아내고 있었다. 공산당은 일단 적을 고립시킨 후 항복할 때까지 지구전을 수행하는 전략을 구사했다. 즉, 상대의 돌을 잡기 보다는 사석화(死石化)시키는 전략을 구사했던 것이다. 이러한 전략을 극명하게 보여주는 예는 1949년 초 북평-천진지역의 점령이었다. 국민당은 서서히 그힘이 고갈되어 결국에는 그들의 지휘관이었던 푸초이(Fu Tso-yi)의 항복으로 바둑판에서 제거되었던 것이다. 그러던 중 정적인 교착상태 및소규모 전투로 진행되던 북중국 전역이 동적인 교전상태로 변화하기 시작했다. 국민당이 공격이든 방어든 어떤 형태로든 전장에 나타날 때마다 공산당은 간접적 전략을 폭넓게 운용하면서 적을 포위 및 섬멸하는 공세적인 전략을 시도하기 시작했다. 1947년과 1948년에 중국 서북부의 연안지역과 동부의 산둥지역은 그러한 양상이 나타난 주요한 전장이었다.

국민당이 공산당의 수도였던 연안을 공격했을 때는 공산당의 저항이미미했기 때문에 국민당의 전세가 유리한 듯 보였다. 이전에 강조한바와 같이 바둑의 고수들은 가치가 없는 지역에 대한 방어에 필요 없는 힘을 낭비하지 않는다. 공산당은 연안 지역에 대한 방어태세에 힘을 쏟기보다는 전략적으로 적이 진출하는 방향에 위치한 중요지역을 선점하고 시간을 벌면서 역습을 위한 기회를 노리고 있었다. 국민당은 공산당의 수도였던 연안지역을 점령하는데 성공했지만 그들의 후방이었던 서쪽으로부터의 공산당 위협으로 인해 이후 진격에 많은 어려움에 봉착하였다. 결국 1948년 초반 국민당은 연안을 포기할 수밖에 없었고 역으로 공산당은 섬서성(陝西省) 지역의 대부분을 수중에 넣을 수 있었다. 이 작전은 수천명의 국민당군을 섬멸시키는 다른 박진감 넘치는 전투에 비교할 때 사소한 전투로 비추어질 수 있으나 바둑의 전략과 수순을 적용하여 작전을 발전시킨 좋은 예를 보여준다.

국민당이 연안지역을 공격한 것처럼 정면으로 쐐기를 박는 형태의 작전은 상대가 외선에 위치하고 있을 때에 효과를 발휘할 수 있다.[8] 상대의 정면공격과 측면공격은 외선에 있는 부대에게 불리한 것이다. 그러나 섬서성 지역을 장악하고 주변지역에 튼튼한 근거지와 주민동원력을 보유하고 있는 공산당처럼, 내선에 위치하고 있는 방자를 공격하는 것은(방자가 견고한 거점에 근거하여 방어하고 있고 공자는 외부에서 공격하는 상황을 의미한다) 통상적으로 공자에게 득 될 것이 없고 방자에게도 큰 위협이 되지 않는다. 그림 22의 A를 보면 흑은 백이 방어하고 있는 지역 중 큰 의미가 없는 지역을 차지하기 위해 세 번의 수를 두었다. 이것은 그것자체로 흑에게 손해가 되지는 않는 것처럼 보인다. 하지만 이 수들이 백을 전혀 위협하지 못해서 백이 바둑판의 다른 중요한 위치에 돌들을 놓을 수 있게 된다면, 그림 22 A의 흑의 공격은 절대적으로 불리한 상황을 초래하는 원인이 되는 것이다. 이러한 바둑에서의 상황은 연안전역에서 국민당이 겪어야 했던 각종 어려움을 상징적으로 보여주는 것이

---

8) A부대가 견고한 거점을 지키고 있고 B부대가 이를 에워싸고 있을 때 A가 내선에, B가 외선에 위치했다고 정의한다. 이때 A는 자기가 원하는 지점에 전투력을 집중할 수 있고 B는 어디로 적이 공격해 올지 모르므로 A(공격하는 자)가 유리하다.

다.[9]

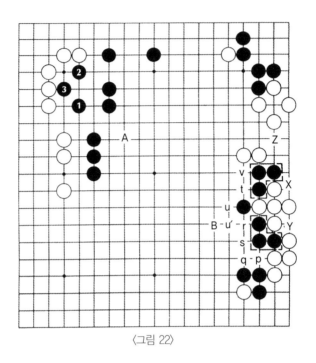

〈그림 22〉

국민당은 연안지역을 점령하기 위해 그들의 주력부대를 투입하였으나 정작 결정적인 전투는 연안이 아닌 다른 지역(산동반도 일대)에서 수행되었던 것이다. 그림 22의 바둑판으로 비유하면 국민당은 중요한 돌들을 좌상귀에 집중하여 우변의 백의 공격에 대비하지 못했던 것이다. 산동반도 전역의 기본적인 작전진행을 살펴보면 다음과 같다(지도 12 참

---

9) 국공내전의 한 관계자는 공산군과 맞서고 있던 국민당군이 범한 가장 큰 실수는 진격(어떤 방향으로든)은 좋은 것이라는 뿌리 깊은 관념이었다고 술회하고 있다. 결국 그러한 관념은 전쟁을 수행하는데 전혀 도움이 되지 않았다.

고). 국민당의 전략목표는 제남(濟南), 청도(靑島). 서주(徐州)를 장악하고, 철도를 연결함으로서 황해로 이르는 철로의 동쪽과 남쪽에서 활동하고 있는 산동성 지역의 공산당 세력을 포위하는 것이었다. 사실상 국민당은 목표를 대부분 달성했다. 1947년 2월과 3월 사이 그들은 제남과 청도 지역을 연결하는데 성공했고 서주의 북쪽 지역을 제남지역과 연결하는 철로선상까지 진출할 수 있었다. 그러나 3월 초, 국민당의 승리가 확실해지는 징조가 보이자 공산당군 수뇌부는 전략적으로 중요한 결정을 내린다. 그것은 두개의 방책을 수행하는 것이었는데, 첫 번째는 하북에 주둔하고 있었던 유백승(Liu Po-ch'eng)휘하의 군대를 서주의 서남방향으로 기동시켜 국민당군의 배후를 위협하는 것이었다. 이와 동시에, 진

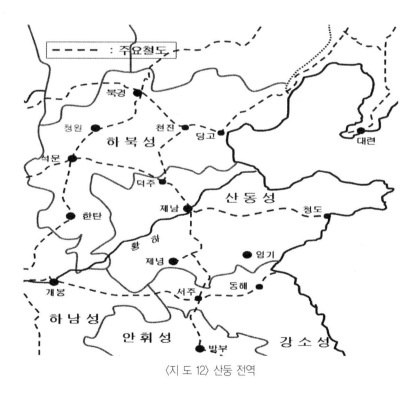

〈지 도 12〉 산동 전역

의(陳毅)의 지휘아래서 산둥에 주둔하고 있는 공산당 주력부대를 북쪽, 즉 산동성 북부지역과 하북성 남부지역으로 기동시켰다. 북쪽과 서남쪽으로부터의 양면공격에 직면하기 시작한 국민당군의 기동속도는 급속히 둔화되어 고착상태에 빠지게 된다. 주도권을 잃게 된 산동성 지역의 국민당군은 수세로 전환할 수밖에 없었고, 결국 패전하고 만다.

아마츄어 바둑대국중 한 국면인 그림 22의 B을 이용하여 산동전역에서의 공산당 전략을 설명하고자 한다 . 여기서 흑은 국민당군으로 백은 공산당군(홍군)으로 비유된다. u 지점 바로 오른쪽에 위치한 흑돌은 흑의 X(제남-청도)와 Y(서주-임기) 그룹을 연결시켜주는 핵심 역할을 수행하고 있으며 그들은 바둑판의 우변에 위치한 백돌들(황해를 배수진으로 한 공산당군)에 대한 협조된 포위를 형성하고 있다. Z 지역에 위치한 백돌들은 산둥 북부지역과 하북 서부지역에 위치한 공산당군을 나타내고 있고, 좌측의 공간은 하남 동부지역과 강소성, 안휘성의 북부지역(지도 12 참조)을 나타내고 있다. 백은 궁지에 몰려있고 흑은 포위된 백을 잡아내는 마지막 수순만 남은 듯하다. 백이 p 지점에 돌을 놓자 흑은 q에서 백의 활로를 차단하였다. 이어서 백이 r(유백승의 부대를 우회시켜 서주의 서남부를 공격하는 것에 해당하는 수)에 돌을 놓자 흑은 공세를 멈추고 s 지점에 돌을 놓았다. 지속적인 압박을 가하기 위해 백이 t 지점에 돌을 놓자, 삼면을 포위당한 흑돌은 u또는 u'지역으로 활로를 찾을 수밖에 없는 상황이 되어버렸다. 이어서 백은 v에 착수함으로써 이 지역의 판세를 완전히 바꾸어버리게 된다. 전체적으로 보면 제남에 위치한 돌들(그룹 X)은 이미 사석이 되었으며 흑의 진영은 통합성을 잃고 각개 분리 되었다. 이번 대국에서의 가장 중요한 수는 r이었는데, 이곳에 돌을 놓음으로써 축차적이고, 간접적인 그러나 대단히 효과적인 압박이 가능하였다.

중국 중부지역에서의 결정적 게임 : 회하(淮河) 전투

앞서 설명한 산둥지역 전투에 이어서 1948말에 있었던 회하(淮河)[10] 전투는 국공내전의 승패가 가려지는 결정적인 사건이었다. 1948년 중반까지 북쪽지역(만주와 중국 북부지역)에서의 국민정부의 패배는 이미 자명해지고 있었다. 북중국을 점령한 공산당과 산둥지역에서 패퇴한 후 양쯔강 남부에서 전기(戰列)를 가다듬은 국민당은 중국의 중동부 지역을 서로 차지하기 위해 대치하고 있었다.

만주와 중국 북부에서 벌어진 국민당과 공산당의 전투를 분석해보면, 고대로부터 서양 전투의 특징인 선형(linear pattern) 전투의 전형에 많이 벗어난 양상을 보인다. 이는 앞에서 여러 차례 설명된 바둑의 주요한 특징인 "혼재된 전선(퍼즐 형태)"의 산물로 보인다. 그러나 1948년 말에 이르면 전투의 양상은 점차 단순화되어 양측의 전선은 어느 정도 선을 유지하게 된다. (앞에 제시된 지도 10을 참고하기 바란다. 이 지도에서 양측은 여전히 비선형적인 형태를 띠고 있지만 중국 동부 해안의 공산당 유격세력과 남부의 분산되어 있는 공산당 지역을 제외하고 본다면 국민당은 적과 어느 정도 선형으로 대치하고 있는 것으로 볼 수 있다. 이것은

---

10) 하남성 동백산에서 발원하여 안휘성, 강소성을 거쳐 황하로 흘러드는 강이름

1948년 5월경 상황을 보여주는 지도 9에서는 볼 수 없는 모습이다.) 중국 중부지역에서 국민당은 제1차 세계대전과 같이 일정한 전선을 형성하여 북쪽의 공산당을 견제하려 했던 것이며 이것은 바둑에서 일선형으로 돌을 두어 상대방을 견제하는 방책과 유사하다.

일부 국민당의 전략가들은 회하를 따라 전선을 유지해야 한다고 주장했으나(지도 13은 전역의 전반적인 양상을 보여주고 있다) 장개석은 그런 의견을 일축하고 결정적인 전투는 강의 북쪽으로 200 킬로미터 가량 이격된 서주 인근지역과 룽하이 철도[11]를 연하는 선에서 이루어져야 한다고 주장했다. 바둑전략의 측면에서 보면 국민당 전략가들의 식견이 옳았다. 당시 회하를 연하여 자연적인 방어물이 형성되어 있었고 만약 회화 전방에서 싸우다가 후퇴하는 경우에도 회하유역의 방어거점을 이용할 수 있는 지형적 이점을 지니고 있었기 때문이다. 이는 바둑에서 상대방의 대마와 접전을 벌이기 전에 그와 이격된 곳에 방어를 위한 교점을 확보해둔 형국과 유사했다. 그러나 장개석의 의도대로 결정적 전투를 치를 장소로 선정된 서주와 그 인근의 방어선의 대부분은 공산당군의 집결지와 매우 근접해있었다. 바둑으로 설명하면 탄탄하게 집을 구축하고 있는 상대방의 돌에 인접한 교점에 돌을 놓은 경우에 해당된다고 하겠다.[12] 결국 회하 전투에서 국민당군이 패배한 주요 요인 중 하나는 국민당이

---

11) 동쪽 강소성의 연운(連雲)에서 서주를 지나 서쪽 감숙성의 난주(蘭州)까지 이어지는 1,747km의 철도

12) 특별한 경우가 아니라면 바둑에서 후방을 받쳐주는 돌 없이 상대방 돌 바로 옆에 돌을 붙이는 것은 곧 자신의 돌을 죽이고 상대방에게 집을 더해주는 악수(惡手)로 귀결된다.

병력[돌]을 공산당의 병력과 과도히 가까운 지역에 착수한 것이며 그 결과 국민당군은 견고한 전선을 형성하기도 전에 공산당군에 의해 궤멸되었던 것이다. 서주지역은 전선중 북쪽으로 돌출된 지역이었으므로 동북지역에 강력하게 배치되었던 공산당 전력과 서부지역에 있었던 유백승 휘하의 450,000 병력은 상호 연합하여 서주지역을 양면에서 포위했던 것이다.

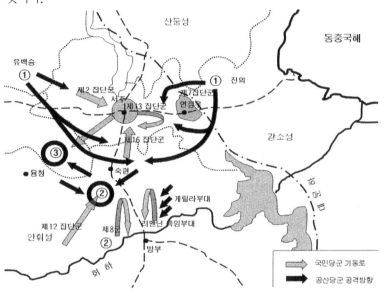

1단계 (①)	유백승 부대의 공격으로 국민당의 제2, 16집단군은 서주지역으로 후퇴.
(1948. 11.5.~22)	11월 10일 진의 부대가 제7집단군 11개 사단을 연장우일대에서 포위함. 진의 부대는 서주로부터 7집단군 구원시도를 격퇴하고 11월 22일 제 7 집단군을 섬멸시킴. 공산당군은 서주 남부에서 포위망을 완성함
2단계 (②)	국민당 제12 집단군과 8군의 구원 작전이 유백승과 진의의 공격에 의해
(11.23~12.15)	차단. 12 집단군 11개 사단이 숙현일대에서 포위되어 12월 15일 섬멸됨. 리엔닌이 이끄는 특수임무부대(14개사단)의 구원작전이 실패함
3단계 (③)	두율명이 이끄는 국민당군 제 2, 13, 16 집단군 총 20여만명은 12월 4일
(.12.4~' 49. 1.10)	융청일대에서 포위되어 '49년 1월 10일 섬멸됨

〈지 도 13〉 회하(淮河) 전투

1948년 11월 6일, 공산당군이 국민당 제13집단군이 주둔하고 있는 서주의 서쪽을 공격하면서 회하 전투가 시작되었다(지도 13 참고). 다음날인 11월 7일, 공산당군에 의해 방어선이 돌파되면서 제13집단군은 서주의 서쪽지역에서 중앙방향으로 물러서 방어선을 구축하였다. 3일후 공산당은 서주 동측에 위치하고 있던 국민당의 제7집단군을 공격하였다. 공산당은 서주를 점령하고 있는 13집단군과 동측에 제7집단군간의 간격에 쐐기를 박듯이 주요지점을 점령하여 전투기간 내내 양개군사이의 상호지원이 불가능하게 만들었다(각개격파 또는 바둑에서 갈라치기).

서주지역과 완전히 단절된 국민당 제7집단군은 동중국해(East China Sea)인근에 위치한 예하병력을 서주 동쪽지역으로 집결시켜 서주와 제7집단군 사이에 위치한 공산당군을 공격하려했다. 그러나 주도면밀한 정보활동을 통해 공산당은 제7집단군의 의도를 감지하고 신속히 동중국해와 제7집단군의 주력부대사이 공간에 병력을 침투시킴으로서 추가적인 병력의 증원을 차단하고 제7집단군을 포위할 수 있었다. 포위된 제7집단군을 구출시키는 임무를 부여받은 2개 집단군의 기동은 계속 지연되었다. 공산당이 포위를 시작한지 10일이 지난 후에도 국민당의 구원군은 제7집단군으로부터 20킬로미터 떨어진 곳에 겨우 다다랐을 뿐이었다. 상황을 더욱 악화시킨 것은 전 지역에 이미 활발한 활동을 하고 있었던 유격세력과 협동으로 공산당군이 서주지역의 국민당 보급로를 심각하게 위협하고 있었다는 사실이다. 서쪽의 국민당 제6집단군(지도 13에는 나타나있지 않다)은 자위를 위해 철수 할 수밖에 없었고 제2, 7, 13, 16군도 서주지역 근방에서 포위되어 있어 서주지역내의 국민당부대는 "T"자 형태로 배치되어있었다.

11월 22일 공산당군은 'T'자의 오른쪽 절반가량에 해당되는 제7집단군을 섬멸하는데 성공했다. 제7집단군은 12일간동안 어떠한 보급도 받을 수 없었으며 지원임무를 받아 서주지역 남쪽으로 올라오던 국민당 부대들 역시 공산당에 의해 포위를 당하거나 철수할 수밖에 없었던 것이다(지도 13의 2단계 전투). 11월 25일부터 공산당은 새로이 병력[돌]을 기동[착수]하기 시작했다. 약 25만 명의 병력을 기동시켜 서주 남쪽으로 이어지는 철로/보급로를 완전히 차단한 것이다. 완전히 포위된 국민당군에게 남은 것은 "섬멸"당하는 일 뿐이었다. 1949년 1월 초순, 한달 반 가량의 무의미한 저항 후에 서주지역의 모든 국민당군(국민당이 보유하고 있던 기계화된 장비로 무장한 기계화 군단을 포함)은 완전히 포위되어 섬멸됨으로써 현대 전쟁사에서 가장 중요한 전투중의 하나인 회하전투가 종결 되었다. 현대사에서 가장 결정적인 전투의 하나로 꼽히는 이 전투는 우리에게 다음과 같은 교훈을 던져준다.

아군영향권내에 있는 적을 잡아내기 위하여 선형으로 병력을 배치하는 전술은 근접하고 있는 강력한 군수지원기지 없이는 성공할 수 없다는 것이다. (회하전투 기간에 국민당이 사용한 군수지원기지는 서주에서 남쪽으로 350킬로미터 이격된 양쯔강 계곡에 위치했었다.) 이런 상황에서 무리하게 선형으로 병력을 배치하게 되면 회하전투에서 나타나듯이 즉각 포위되어 섬멸되는 것이다. 적의 공격을 봉쇄하고 기동을 방해하고 후방을 적에게 노출시키지 않는 것은 동서양을 막론하고 기본적인 전략개념이다. 논리적인 지휘관이라면 때때로 전술적인 후퇴를 할 수도 있으나 당시 국민당군 수뇌부에는 작전적 유연성을 특징으로 하는 바둑전략을 적절히 활용할 수 있는 지휘관을 찾아 볼 수 없었다. 회하 전투는 단순히 두 집단이 전면전을 벌인 사건이라 기보다는 상이한 두 가지 전략 개념이 충돌한 사건이라고 볼 수 있다.

이 전투는 공산당이 중국전체의 주도권을 잡는 기반을 제공해준 결정적인 전투였다. 1949년 초반부터 1950년 초까지 이어진 중국 남부에서의 국민당 잔류부대 소탕작전은 전략적으로 그리 중요하지는 않지만, 이 시기에 중국 공산당에 의해 사용된 전략과 바둑을 비교할 수 있는 좋은 사건들이다. 이 시기에 사용된 전술은 대게릴라 전술(counterinsurgency)에 대한 포괄적인 설명에 잘 나타나있다.

규모가 작고 대중으로부터 분리된 유격세력을 소탕하기위한 기본적인 작전 원칙은 그들을 쉼 없이 지속적으로 움직이게 만드는 것이다. 그들에게 조여 오는 연속된 포위망을 이탈하려는 순간에 잡는 것이다. 이러한 전술은 중국 공산당이 1950-52년 중국 남쪽에서 국민당 잔당들을 소탕할 때 사용한 전술이다. (Galua, 「대게릴라 전쟁」)

효과적인 포위망을 구축하는 기술은 마치 바둑 후반부에 상대방이 집을 짓지 못하도록 방해하고 상대방의 사석들이 다시 연계하여 그 가치가 살아나는 것을 방지하는 것과 같다. 바둑 후반부에 확보된 영역에 돌을 두어 여러개의 영역으로(마치 그물 처럼)나누어 놓은 후에 집을 형성하지 못한 상대방의 돌들을 압박하여 결국 포위하거나 살아날 희망이 없도록 만들어 버리는 바둑의 전술과 유사한 점이 있다.

혁명전략의 원칙들, 1945-49

중국 공산당을 연구하는 일부학자들은 1945년 이전과 이후에 중국 공산당이 구사했던 전략이 재래식 전쟁과 비재래식 전쟁, 유격전술과 나폴레옹의 기동전과 같이 상당히 상이한 양상을 보인다고 주장한다. 1945년 이전에 중국 공산당 전략은 몇몇 예외를 제외하고는 방어적이고 영역을 확장하는데 치중하였으나 이후에는 공격적인 전략으로 바뀌었다. 또, 1945년 이전에는 소규모 전력으로 방어를 실시하는 전략이 주를 이루었으나, 1945년 이후에는 군이나 집단군등 대규모로 공세를 수행하는 양태로 바뀌었다. 이러한 공산당 전략의 변화에도 불구하고 바둑의 원칙은 1945년 이전과 이후 동일하게 적용되었다고 볼 수 있다. 천천히 장고(長考)를 통해 수행되는(지구전(持久戰)의 성격을 갖는) 바둑의 특성에 따라 대국의 초반은 상대방의 돌을 잡아내려는 노력을 하기 보다는 바둑 중후반에 있을 접전에 대비하고 잠재적인 집에 대한 영향력을 행사하기 위한 포석(중요한 위치에 돌을 놓는 것) 에 전력한다. 강서성 시기나 중일전쟁 시기는 전술한바와 같이 초기의 준비단계라고 할 수 있다. 바둑의 고수는 대국초반에 유리한 위치를 선점해놓고 게임 중반이후 결정적인 단계에 이르면 전력을 집중하여 승기(勝氣)를 잡는 것이다.

역사적으로 1945-49년의 국공내전은 바둑의 결정적인 단계에 해당된다. 바둑의 중후반에 치열한 전투가 벌어지듯이 이 시기의 양측은 전략과 행동은 다양하고 역동적이었다. 바둑의 결정적인 국면과 1945년 이후 중국 공산당 세력의 확장전쟁의 공통되는 특징은 양자 모두 공세적이라는 것이다. 중국 공산혁명전쟁에서 공세의 첫 번째 단계는 상대방을 분리(disconnection) 및 고립(isolation)시키는 것이다. 그들은 철도, 도로, 국민당의 보급로를 공격함과 동시에 국민당의 측면 또는 후방을 교란하였다. 마찬가지로, 바둑에서도 공격의 핵심 포인트는 잡고자하는 대상(돌의 그룹)을 방자의 거점(확보된 집)과 분리시켜 고립되도록 하는 것이다. 만약 잡고자하는 대상이 그들의 기확보된 지역과 연결된다면 공자의 공격은 당연히 실패하는 것이다.

공격의 두 번째 단계는 포위(encirclement)다. 포위는 고립에서 발전된 단계이다. 중국 공산당이 수행한 전쟁에서 볼 수 있듯이 바둑에서의 포위는 산발적으로 진행되는 교전의 결과로 부지불식간에 이루어진다. 국민당 지휘부는 공산당이 특정한 지역에 대해 공격을 하는 이유를 몰라서 단지 공산당 수뇌부가 전략적인 식견이 부족하다고 판단하기도 했다. 그러나 그러한 공산당의 군사행동은 종종 그 의미를 몰랐던 장교들이 지휘하는 국민당군을 포위하곤 했다. 공산당의 혁명전쟁이나 바둑에서 포위는 전투의 중요한 전략이고 승리는 결국 포위전술의 효과적 운용에 달려있었다.

중국 공산당 공격의 마지막 단계는 섬멸이었다. 바둑에서의 섬멸은 상대방의 돌을 잡아내거나 사석화(死石化) 시키는 것이다. 궁지에 몰린 적을 강하게 압박하는 것을 경계했던 4세기 중국의 군사전략가 손자의 전략개념과는 반대로 공산당군은 절대로 포위된 적을 의도적으로 도망가게 놔두지 않았다. 일반적으로 포위된 부대에 만연할 수밖에 없는 심리적 공황상태를 적절히 이용함으로 효과적인 포위작전을 성공시키는 경우가 많았다. 혁명전쟁에서도 포위는 적부대 섬멸의 가장 효과적인 방법이었다. 이러한 공세작전을 실행하는데 있어서 중국 공산당은 10가지의 전략을 강조하였다. 이 10가지 전략이 바둑전략과 정확히 맞아 떨어지는 것은 아니지만 상호 비교해 보았을 때 상당부분 상통하고 있는 것을 알 수 있다. 1947년 모택동이 제시한 10가지의 전략원칙은 다음과 같다.

1. 산개되고, 분산되어있는 적을 최우선으로 공격하고 집결되어있는 강한 적은 나중에 공격하라.

2. 대도시 주변의 중소규모 도시들을 우선 점령하고, 대도시는 차후에 점령하라.

3. 적의 정예부대를 섬멸하는 것이 우리의 주된 목표이다. 도시나 지역의 점령을 목표로 해서는 안 된다. 도시나 지역에 대한 점령은 적의 중요거점을 소탕하게 되면 자연스럽게 달성된다. 도시나 지역은 통상 주인이 수차례 바뀌는 격전 후에 점령할 수 있다.

4. 모든 전투에서 전투력의 압도적 우위를 점해야한다. (적과 비교하여 두, 세배는 물론 여섯, 일곱 배까지 압도적인 전력을 보유해야 한다.) 또한 적을 완전히 포위하고 완전히 섬멸시켜야 하며, 포위망을 벗어나게 해서는 안 된다. 필요시에는 적을 분쇄하는 전술을 구사하라. 아군의 모든 전투력을 적의 정면에 집중시키고 적의 한쪽 또는 양쪽 측면에 약간의 공격을 가해 적을 두 개로 분리시킨 후 한편을 고립시킨 상태에서 다른 한편을 섬멸시키고 신속히 군사력을 전환하여 남은 한편을 쳐서 섬멸시켜라. 득(得)보다 실(失)

이 많은 소모전은 반드시 피해야 한다. 전체적인 전력(수적인 면에서)에서 아군이 열세에 있더라도 전투를 하고자하는 특정한 시간과 장소에는 전투력의 상대적인 우위를 달성해야 한다. 이러한 전술은 우리에게 승리를 보장할 것이다.

5. 준비되어있지 않거나 승리에 대한 확신이 없는 전투는 피하라. 모든 전투에 있어서 완벽한 준비를 갖추도록 최선의 노력을 해야 하며 적과 아군 간에 주어진 상황을 최대한 이용하여 승리를 쟁취할 수 있도록 노력하라.

6. 끝없는 용기, 피로와 희생을 두려워하지 않는 정신, 짧은 시간 안에 승리를 달성하기 위한 계속적인 전투 등 우리의 전투방식을 독려하고 활용하라.

7. 이동 중인 적을 섬멸하기위해 노력하라. 동시에 적의 준비된 진지(요새, 도시 등)를 점령할 수 있는 전술에 관심을 가져라.

8. 도시를 공격할 때 방어 상태가 취약한 요새화된 거점이나 도시를 확고히 점령하라. 상황이 허락한다면 방어력이 그다지 강하지 않은 지역이나 도시를 점령하라. 강력한 방어태세가 구축된 지역이나 도시에 대해서는 상황이 아군에 유리하게 조성될 때까지 기다린 후에 공격하라.

9. 적으로부터 탈취한 무기나 인원을 사용하여 지속적으로 아군의 손

실을 보충하라. 아군의 인적 물적 자원을 위한 주요 보급원은 통상 적의 정면에 위치하고 있다.[13]

10. 전투사이의 시간을 활용하여 휴식 및 훈련하고 아군을 더욱 강하 게 만들라. 전쟁 중에 휴식, 훈련하는 기간은 길지 않아야 하고 적 에게는 숨돌릴 틈을 주지 말아야 한다.

제1원칙은 전쟁사에 있어서 지속적으로 제기되어온 딜레마(공격시 적 의 예비 및 지원전력과 적의 전투력이 집중되어 있는 중심부 중 어느 것 을 먼저 공격해야 하는가?)에 대한 하나의 답이 될 수 있다. 위 질문에 대해 중국 공산당은 바둑전략에서 제시하는 방안을 따랐는데 그것은 적 의 약한 부대를 먼저 공격하는 것이다. 모택동의 혁명전략과 바둑전략은 둘 모두 적의 전력이 강화되기 전에 공세를 펼치는 것을 원칙으로 삼고 있다. 만약 적의 약한 부대보다 강한 부대를 먼저 공격한다면 약한 부대 는 강한 부대와 연합하여 효과적인 방어작전에 동원될 수 있다는 것이 다. 그러나 만약 약한 부대를 먼저 제압한다면 지원세력이 될 가능성을 사전에 차단할 수 있고 더 이상의 지원 세력을 기대할 수 없는 강한 부대 에 대한 공격은 최대의 성공가능성을 보장할 수 있을 것이다. 이런 전략 원칙의 기본은 중국 공산당 전쟁원칙의 근저에 자리 잡고 있었고, 1949-1950년 사이의 승리이후 그들의 중요한 국제전략이 되었다. 제2 원칙과 제8원칙은 제1원칙의 논리가 발전된 형태로 볼 수 있다. 바둑의

---

13) 적의 정면에 정예부대와 주요 장비, 군수물자가 집중되므로 적을 격멸한 후 정면에 있는 부대 의 물자 등을 취하라는 뜻으로 해석된다.

전략으로 설명하면, 대국이 중반부에 접어들면서 귀와 변에서 양측이 충분히 전개가 완료된 후 중앙으로의 판세가 이동하는 것을 의미한다.

제3원칙은 일면 지역점령을 우선으로 하는 바둑전략에 역행하는 다소 모순된 원칙으로 비춰질 수도 있다. 그러나 실제로 이 원칙도 바둑의 전략을 충실히 따르고 있다. 바둑전략에 있어서도 교점 자체가 다른 것보다 중요한 것은 아니다. 즉, 특정한 교점(도시나 지역)을 점령하는 것 자체가 중요한 목표는 아니라는 것이다. 그렇다고 공산당이 지역의 점령을 완전히 포기한 것은 아니다. 단지 그들은 지역이라는 목표에 많은 가치를 부여하지는 않았다는 것이다. 더욱이 두 번째 언급한 사항은 바둑의 전략과 일치한다. 대국의 중반이나 후반에서 상대방의 돌 또는 돌의 집합(연속된 돌)을 잡아낸다는 것은 일반적으로 집을 확보한다는 것과 일맥상통하기 때문이다. 상황이 진행됨에 따라 그러한 포석은 집을 확장하는 유일한 방법이기도 하다. 마지막부분에 "도시나 지역은 통상 주인이 수차례 바뀌는 격전 후에 점령할 수 있다."라고 한 것은 바둑에서 집이 대국이 진행되는 동안 수차례 주인이 바뀌면서 흑이 백으로 백이 흑으로 점령되는 과정을 의미한다.

제4법칙은 가장 중요한 원칙으로 꼽히며 서양의 전략분석가들은 이를 중국공산당 전략을 이해하고 분석하기 위한 출발점으로 삼고 있다. 그러나 서양의 분석가들이 "포위"라는 개념보다 "집중"이나 "섬멸"이라는 개념에 초점을 맞추고 있는 것은 유감스러운 일이다. 바둑의 관점에서 보면 제4원칙의 핵심개념은 "포위"다. 집중은 단지 포위를 위한 필요조건일 뿐이고 섬멸은 성공적인 포위에 의해 달성되는 최종결과일 뿐이다. 전쟁에서처럼 바둑에서도 포위는 병력의 상대적 우위가 필요하다. 물론 특별한 경우에 백돌이 그보다 다섯 배나 많은 흑돌을 포위하기도 한다. 그러나 일반적으로 "변"이나 "귀"가 아닌 곳에 위치한 돌을 잡기 위해서는 통상적으로 4대1의 수적우세가 필요하다. 중국전쟁당시에 공산군 지휘관들 이외에 이러한 큰비율의 병력의 우세가 상대적으로 필요하다고 생각한 지휘관은 거의 없었으며, 동서양을 통틀어 바둑이외에 그런 비율의 우세를 필요로 하는 말판게임 역시 없다.

제5법칙은 당연한 진리인 것처럼 보인다. 패배가 명확한 전투를 시작하는 지휘관은 없을 것이다. 모택동 전략의 특성은 확실성을 강조한 것에 있다. 5법칙에서도 바둑과 혁명전쟁 전략 사이에 유사점을 발견할 수 있다. 바둑에서는 한 번 놓은 돌은 상대방에 의해 잡혀죽기 전에는 바둑판에서 제거될 수 없기 때문에 한번 싸움에 투입된 돌은 싸움의 승패에 생사를 같이 한다. 또한 싸움에 패배한다면, 구출될 희망도 같이 사라지는 것이다. 기사가 돌을 하나 잘못 두게 되면 두 배로 손해를 보게 되는데, 돌과 함께 돌이 차지하고 있던 집까지 동시에 빼앗기기 때문이다. 바둑에서처럼 중국 공산당의 지휘부는 병력운용에 있어서 매우 신중한 태도를 견지했다. 가벼운 무장만으로 중(重)무장되고 충분한 예비대를 보유한 적과 교전했던 공산당은 적을 신속하게 섬멸하지 않으면 역으로 전멸당할 것이라는 전제하에 전투를 벌였던 것이다.

제6원칙과 제10원칙은 시간과 노력에 관련된 요소를 다루고 있다. 즉, 이것은 간단없는 주도권을 유지하기 위한 개념이다. 이 원칙은 공자는 전력이 지속적으로 감소될 수밖에 없다는 클라우제비츠의 주장과는 반대되는 개념이다. 간단없는 공세는 바둑에서 중요한 전략이다. 서양의 바둑기사들이 종종 주장하듯이 첫 번째 그룹이 죽으면 두 번째 그룹도 취약해지고 두 번째 그룹마저 잡혀나가면 세 번째 그룹도 약점이 노출되어 취약해진다는 의미이다. 물론 이러한 특징은 바둑전략에서만 있는 것은 아니지만 내전 기간 중 중국 공산당은 전략적, 전술적, 작전적 기동을 통한 연속적인 공격이 가져오는 결과를 인지하고 그러한 공격방법을 발전시켰다는 점이 중요하다고 하겠다. 실제로 내전당시에 공산당군의 지속적인 물리적, 심리적 압박에 의해 국민당군의 지휘관과 그의 부대는 투항할 수밖에 없었으며 이러한 투항은 곧 다른 국민당 부대의 연속적인 투항을 가져왔던 것이다.

최신식 무기로 무장한 국민당군이 농민들로 이루어진 공산당군에게 패했다는 사실에서 군사전략가들은 큰 충격을 받았다. 서양 군사전략가들 입장에서 볼 때 1945~1949년에 있었던 국공내전에서 중국공산당이 승리한 배경에 마르크스-레닌주의 뿐아니라 융통성 있고 잘 정리된 동양의 고유한 사상체계가 있었다는 것은 상상하기 힘든 일이었다. 정말 바둑이 중국공산혁명 성공의 핵심이 되는 사상이라면 바둑의 원칙을 졸속하고 간단하게 다룰 것이 아니라 명확하고 체계적인 이론으로 발전시켜야 할 것이다.

바둑전략의 과거와 미래

- 과거사실을 통해 본 바둑모델의 타당성
- 모델의 광범위한 적용

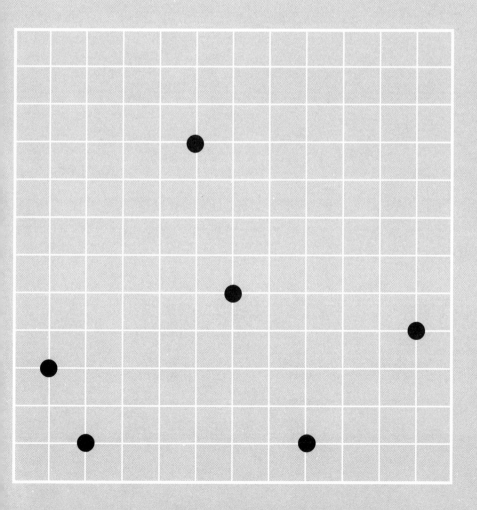

바둑전략의 과거와 미래

지금까지 우리는 바둑모델을 중국공산당 혁명과정에 적용시켜 보았다. 이제 바둑모델의 타당성을 검증하기 위한 두 가지 질문을 제기해본다. 첫째는 바둑모델이 중국공산당이 중국을 석권해가는 역동적인 과정을 적절히 설명할 수 있는 모델로서의 타당성이 있는가? 하는 질문이고, 둘째는 향후 중국공산당과 그들의 동맹세력이 국제사회라는 큰 바둑판에서 승리를 위해 바둑전략개념을 지속적으로 적용할 것인지에 대한 질문이다.

과거사실을 통해 본 바둑모델의 타당성

어떠한 사회과학 모델도 복잡한 현실세계(역사적 사실)를 완벽하게 설명할 수는 없다. 그러므로 바둑전략을 중국 공산혁명과정에 적용하는

데 있어서 어떤 특정한 한 가지 기준을 세우고 그것에 부합되는지 여부에 따라서 모델의 타당성을 판단하는 것은 피해야할 일이다. 그보다는 바둑의 전략원칙들과 중국공산혁명전쟁 수행과정의 주요 작전원칙들이 서로 일치하는 정도(程度, degree)를 판단하여 모델의 타당성을 평가하는 것이 합리적이라고 본다. 그러므로 우리는 역사적 사실에 바탕을 둔 귀납적인 증거를 제시하여 모델의 타당성을 판단할 것이다. 아래에 열거하는 사항들은 앞서 설명한 분석내용을 종합한 것이다. 바둑의 전략이 중국공산당 뿐 아니라 다른 형태 다른 국가의 혁명전쟁에도 적용될 수 있다는 잠재적인 가능성을 염두에 두고 가능한 일반적인 용어를 사용하여 설명하였다.

「**구조적인 특징**」을 보면 모택동전략은 시간 및 공간 활용 면에서 바둑전략과 유사한 점이 있다.

하나 : 두 전략 모두 초반에는 천천히 탐색하는 지구전의 양상을 띄우다가 시간이 지남에 따라 작전의 속도(템포, Tempo)가 점차 빨라진다.

둘 : 모택동은 중국이라는 넓은 공간(작전지역)으로 인해 전략적 이득을 얻었으며 이는 바둑에서 대국자가 넓은 바둑판을 활용하여 위기를 넘기고 승기를 잡아나가는 것과 유사하다.

셋 : 둘 모두 광범위한 작전지역에서 점진적인 전투를 진행하므로 전투부대들을 여러 주요지역에 분산시키는 전략을 구사할 수 있다.

「**전투양상**」면에서는 모택동혁명은 흑에게 돌을 몇 점 접어주고(치석을 안고) 게임에 임하는 "*접바둑*"과 유사하다

　넷 : 자신이 미리 놓아둔 돌(치석)은 없었지만 모택동은 군사력과 정치적 영향력을 확대할 수 있는 잠재력을 지니고 있었다.

다섯 : 혁명전쟁 초기에 반공산주의 세력이 보유하고 있었던 실질적, 잠재적 전력을 고려할 때 그들은 바둑에서 돌 몇 점을 먼저 깔아 놓고 게임을 시작하는 기사의 입장이었다. 더욱이 그들이 미리 놓은 돌은 바둑에서 화점에 놓인 치석들처럼 중앙을 향해 영향력을 행사하고 있었다.

여섯: : 혁명전쟁의 초반부는 바둑의 초반부가 그러한 것처럼 여러 곳에 돌이 놓이고 작은 전투가 일어나는 등 유동적인 작전형태로 진행되었다.

일곱 : 바둑에서 중반부에 포위 및 역포위의 공방전이 벌어지는 것과 같이 혁명전쟁의 중반부는 일정한 전선을 형성하지 않고 곳곳에서 전투가 벌어지는 퍼즐양상의 상황이 이어졌다.

여덟 : 전쟁의 후반부는 실력차이가 나는 기사간의 바둑 종반부의 특징처럼 어느 일방이 의도하는 방향으로 귀결되었다.

「**전략적 목표**」면에서는, 모택동의 전략은 다음과 같이 바둑과 비교될

수 있다.

아홉 : 혁명전쟁 기간 중 모택동의 제1목표는 자신이 영향력을 행사할
　　　수 있는 사람과 땅을 최대한 많이 확보하는 것이었다. 이는 바
　　　둑에서 기사들의 궁극적 목적이 보다 많은 집을 짓는 것이라는
　　　점과 상통한다.

열 : 중국공산혁명군의 제2목표는 (우선순위에 대한 논란이 있기도
　　하지만) 적의 군사력과 정치적 세력을 소멸시키고 자신의 전투
　　력을 보존하는 것이었다.　바둑에서도 역시 기사의 두 번째 목
　　표는(역시 우선순위에 대한 논란이 있기도 하다) 위협이 되는
　　상대방의 돌을 잡아내고 자신의 방어를 견고히 하는 것이다.

「영토확장 정책과 기술」면에서 다음과 같은 비교가 가능하다.

열하나 : 바둑의 고수가 바둑판의 귀와 변에서 집을 지은 후 중앙으로
　　　　세력을 확장하듯이 중국공산당은 인적 바둑판의 귀와 변이라
　　　　고 할 수 있는 지방, 농민계층으로부터 적극적이고 조직적인
　　　　지원을 얻는 것에 우선목표를 두었으며 중산층이상 계층에 대
　　　　한 지지를 얻는 것은 그 다음의 목표였던 것이다. 그 이유는 바
　　　　둑에서는 귀와 변에서, 공산혁명 과정에는 농민계급에서 다른
　　　　지역이나 계급에 비해 보다 적은 노력으로 많은 양의 집과 세
　　　　력을 얻을 수 있었기 때문이다.

열 둘 : 바둑의 고수가 집을 만들어 가는 과정(귀-변-중앙)처럼 중국 공산당은 산악지역, 농촌지역을 선점하고 난 후 평야와 도시 지역을 확보하는 전략을 수립/적용했다.

「거점에 대한 전략」 면에서 모택동은 다음과 같이 바둑전략을 활용했다.

열 셋 : 근거지를 확보하는 방법은 바둑의 집짓는 절차에 비교될 수 있다. 먼저 원하는 지역에 몇 점의 돌을 두어 세력을 형성하고 상대편의 영향력을 감소시킨 후 여러 개의 돌을 집중적으로 침투시켜 상대를 둘러싸거나 내부에 견고한 집을 짓는 것이다. 이러한 방법은 군사적 관점에서는 유격전술을 의미하고 정치적 관점에서는 심리적 포위 달성으로 해석될 수 있다.

열 넷 : 유격 근거지에 대한 적의 공격을 막아내는 방법은 바둑에서 집을 방어하는 과정과 비교할 수 있다.

(a) 반공산주의 세력에 비해 전력이 열세했던 혁명초기에 중국공산당은 철수, 후퇴, 심지어 점유하고 있었던 지역을 포기한 후에 계속 전진해 오는 적을 포위하는 융통성 있는 전술을 구사했으며 이는 바둑의 방어전법과 유사하다.

(b) 상대방과 전력이 대등해진 혁명 중후반에는 바둑에서 상대방이 자신의 집으로 침투하는 것을 막기 위해 견고한 방어선을 구축하는 것처럼 공산당은 거점 주변이나 외곽에 위치한 지역에서 교전을 실시하였다.

마지막으로 「**적을 섬멸하는 단계**」에서 모택동 전략과 바둑전략을 비교해보자.

> 열다섯 : 바둑에서처럼 혁명전쟁에서도 적을 실제적으로 전멸시키지 않고 활로를 차단해버리는 것, 즉 사석화(死石化, Killing)하는 것은 중요한 전략이었다. 기동하지 못하게 된 전투력[돌]은 궁극적으로 패배[잡힘]할 수밖에 없다.
>
> 열여섯 : 두 전략 모두 상대방을 포위하고 섬멸(잡아냄)하기 위해 세 단계의 과정을 거친다.(이것은 전략, 작전, 전술적인 부분에서 일반적으로 적용할 수 있다.)
>
>   ⓐ 적의 주전투력을 증원군이나 주둔지로부터 고립 또는 분리시킨다.
>
>   ⓑ 적을 포위하고 있는 아군은 가능하다면 적 내부의 교란작전을 담당한 세력(제5열)과 연합하여 심리적 포위를 달성한다. (적 후방에서의 파괴, 침투, 게릴라 작전 등)
>
>   ⓒ 내·외부의 포위(심리적, 물리적 포위)가 완료되면 적을 섬멸한다.
>
> 열일곱: 파괴공작, 선전활동 등 공산당이 심리적 포위를 달성하기 위해 사용하는 수단들은 바둑에서 상대방에게 심리적 압박을 주기 위해 사용하는 소극적인 전법과 유사하다.

위에 제시한 예 이외에도 공산당 전략과 바둑전략간의 유사점은 많이 있다. 예를 들면, 모택동 전략 중 전쟁주도권에 대한 원칙은 바둑에서 선

수(先手)라는 개념으로 설명될 수 있다. 두 전략모두 방어작전간에도 주도권을 유지해야한다고 강조하고 있는데, 이는 서양에서 주도권은 공격작전시에 주로 강조하는 것과는 대조적이라는 것을 알 수 있다.[1]

또 다른 유사점은 희생(sacrifice)에 대한 부분이다. 바둑에서는 보존해야할 가치가 없다고 판단되는 한 개 또는 여러 개의 돌을 상대에게 잡히게 내버려두는 경우가 종종 있다. 중국 공산당 지휘관들은 전략적으로 견제가 필요한 곳이 있다면 부대가 소멸될 것을 알면서도 공격을 감행하는 결정을 내리기도 했다. 바둑과 대조적으로 서양의 체스에서 희생 플레이는 거의 발생하지 않는다. 체스기사가 그런 결정을 한다는 것은 심지어 게임에서 이겼다고 해도 그가 초보자라는 것을 나타내는 것이다. 서양인들이 전쟁시 동양인들이 보여주는 무분별한 희생에 대해 도덕적인 분개감을 나타내는 것은(특히 태평양 전쟁당시 일본군의 자살공격, 옥쇄전술 등) 이러한 동서양간의 전략적 가치관의 차이를 보여주는 것이다.

앞에서 요약한 내용에서 보이듯이, 서양학자들이 모택동전쟁의 특징으로 인식해온 지구전(Protracted), 유격전(Base area), 인민들로부터의 지원(Population Support) 등은 모두 바둑전략의 특징과 상응함을 알 수 있다. 결론적으로 "기동", "경계", "기습"등의 통상적인 요소의 비교를 통해서 여러 전략(모택동 전략을 포함하여)의 공통점을 분석하는

---

1) 서양의 전략가들에게 주도권은 공격행동에 근거를 한 직접적인 힘의 사용이다. 그러나 중국 공산당에게 주도권은 잠재적인 전투력을 의미한다. 이것은 행동의 자유, 지휘관이 의도한 지점으로 이동할 수 있는 능력 등이다.

것 보다 바둑전법의 원칙과 모택동 전쟁의 원칙을 상호 비교할 때 훨씬 명확한 유사점을 발견할 수 있다. 예를 들면, 다소 인위적인 점이 있기는 하지만, 독립전쟁당시 미국과 영국의 전략, 1944년 프랑스에서 연합군의 전략, 2차 세계대전당시 독일군 후방에서 실시된 소련 빨치산의 활동에서 바둑전략과의 유사성을 찾을 수 있다. 그러나 이들 전략들은 앞에서 제시한 17가지의 항목 중 하나이상의 중요한 사항들을 결여하고 있다

앞에서 언급한 귀납적인 예증에 근거해 볼 때, 바둑은 우리로 하여금 중국 공산혁명체계에 대한 이해를 증진하는데 도움을 줄 수 있으며, 이해의 과정은 설명(explanation), 예증(illustration), 일반화 (generalization)의 순서를 거치는 것이 효과적이라 하겠다.

바둑은 중국공산혁명의 일부 모순(矛盾)되어 보이는 역설적(逆說的)인 원칙을 설명하는데 유용한 수단이 된다. 중국 공산당이 근거지확보를 중시함과 동시에 전략적 기동을 강조한 점, 지구전(持久戰)을 주장하면서 속전속결의 작전수행을 강조한 점, 최대한 복잡한 전선을 형성하고 그러한 복잡성을 혁명전쟁의 이점(利點)으로 활용한 점 등 단순함을 중시하는 서양의 전략과 대조적인 것들이 그 예이다.

첫 번째 역설적인 원칙(근거지확보와 전략적 기동을 함께 강조한 점)은 중국 공산당 전략을 연구하는 전문가들을 혼란스럽게 하기에 충분하다. 이에 대해서는 두 가지 설명이 가능하다. 첫째로 중국 공산당 전략은 작전활동 근거지(base of operations)를 중시했던 19세기 초 프랑스의 군사사상가인 조미니의 사상과 비슷하다는 해석이다. 그는 1차적으로

작전활동기지의 확보를 중시했으나 궁극적으로 영토 확보에 대한 집착으로부터 자유로운 융통성을 가져야 한다고 강조했다. 반면에 바둑전략을 적용하면 보다 실제적이고 포괄적인 해석이 가능하다. 바둑에서 기사(棋士)의 목표는 특정지역을 확보 및 통제하는 것이 아니라 최대한 많은 집을 차지하는 것이다. 만약 전략적으로 중요한 집을 얻기 위해서라면 작은 규모의 손실은 감수하고 전략적 기동을 실시하는 유연성을 가져야 한다. 이처럼 혁명전쟁 기간 중 중국 공산당의 궁극적인 목표는 가능한 많은 지역을 통제하는 것이었기 때문에 어느 특정한 지역을 반드시 확보하고 있어야 한다는 고정관념에서 자유로웠던 것이다.

두 번째 역설적원칙(지구전을 주장하면서 속전속결을 강조한 점)은 모택동과 다른 중국 공산당 지도자들이 그들의 저서에서 충분히 설명했기 때문에 첫 번째보다 이해하기가 용이하다. 그러나 이 경우에도 역시 바둑을 통해서 보다 명확한 설명이 가능하다. 몇 점 접어주고 두는 접바둑의 초반부에, 백을 쥔 기사의 입장에서 흑의 지연전에 말려들어가는 것은 상당히 불리한 일이다. 초반부터 우세를 점하고 있는 흑과의 교착상태를 깨지 못하면 흑의 우세는 계속적으로 굳어져 가고 백은 한두 곳의 귀에서 생존할 뿐 결정적인 성과를 얻을 수 없게 된다. 따라서 접바둑의 경우 백을 쥔 기사는 여러 분산된 지점에서 간결하고 빠른 공격(속전속결)을 통해 흑의 세력을 어느 정도 약화시킬 수 있을 때까지 지구적인 게임에 말려드는 것을 피해야 한다. 오직 그러한 방법을 통해서만 접바둑에서 백을 쥔 기사가 초반에 우세한 흑을 "종이호랑이"로 만들어 버릴 수 있는 것이다.

마지막 역설적 원칙인 복잡한 전선과 전략을 선호한 것은 접바둑에서 불리한 입장에 있는 백이 속전속결을 성공시켜야 하는 상황에서 귀결된 당연한 결과로 볼 수 있다. 대국 초반에 상대방이 형성하고 있는 세력을 효과적으로 약화시키기 위해서는 상대방이 전술적으로 우세를 점하고 있는 지역들을 포위 및 분리시켜 해당 지역들의 재결합을 차단하여 상대 방이 전략적 이점을 달성 할 수 없도록 만들어야 한다. 또한, 바둑에서 초보자의 경우 운영의 미숙함으로 바둑전체를 복잡하고 비효율적으로 만들어 결국에는 고수인 상대방에게 더 유리한 상황을 만들어 주게 된 다. 결국 바둑에서나 다른 게임에서나 게임 형태가 복잡하게 되면 노련 한 고수에게 유리해지기 마련이다(지도 14는 월남전의 전선형태에 대한 미국과 월맹 측의 인식의 차이를 보여준다. 즉 월맹은 미국이 생각하고 있었던 것 보다 더 넓고 다양한 지역에서 게릴라전을 전개하고 있었던 것이다)

바둑의 설명적 역할(explanatory role)은 예증의 기능(illustrative function)을 가지고 있다. 바둑의 논리를 사회과학에 적용하기엔 생소한 부분이 없지 않다. 그러나 바둑은 어떤 원리에서 강조하는 금지사항에 구속 받지 않을 수 있고 또 수학자들이 방정식을 풀듯이 접근하는 것이 아니기 때문에 현대적 논리의 취약점과 사회과학의 형식주의를 극복할 수 있다. 이러한 두 가지 특징은 시뮬레이션 모델로서의 바둑의 가치를 설명해주고 있다.

마지막으로 바둑은 중국 공산당혁명 원칙의 내적구조와 논리체계를 결정하고 일반화하는데 많은 도움을 준다. 많은 분석가들이 모택동 전략에서 얻을 수 있는 교훈만을 강조하고 있는 반면 바둑은 이러한 교훈들을 통일성 있는 논리적인 하나의 방법론으로 통합시키고 있다. 또한, 중국 공산당 전략의 기본가정뿐 아니라 내포하고 있는 의미를 분석하는 수단을 제공하기도 한다. 특히, 바둑의 원칙을 분석함으로 중국 공산당 이론에서 보이는 군사 정치적 특징이 전쟁에 대한 추상적이고 심리적인 개념(즉 바둑에 담긴 철학을 의미한다)으로부터 발생되었다는 사실을 추론할 수 있다. 확실히 바둑을 이용하여 분석하면 중국 공산당이 국토 외곽에서 근거지를 형성하고 농민계층의 지지를 획득한 전략, 각종 전투시 구사한 포위 전략, 민심장악을 위해 실시한 심리전 전략의 근본적인 이유와 구조를 명확히 알 수 있다. 만약 중국 공산당이 그들의 세력을 얻기

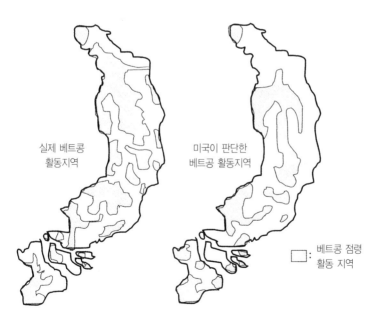

실제 베트콩
활동지역

미국이 판단한
베트공 활동지역

☐ : 베트콩 점령
활동 지역

〈지 도 14〉 전쟁양상에 대한 상이한 판단: 1965년 7월 베트남

위해 실행한 군사, 정치, 심리적 전쟁의 형태가 전적으로 바둑이라는 모델을 통하여 해석될 수 있다면 중국 공산주의는 그들의 역사적 원류라고 할 수 있는 마르크스-레닌주의와 다른 형태의 공산주의로 분리되어질 수도 있을 것이다.

모델의 광범위한 적용

우리는 지금까지 1927년부터 1947년 간의 중국 공산당 혁명 전략과 바둑과의 유사한 점들을 살펴보았다. 그러나 바둑의 전략은 지난 과거사 뿐 아니라 최근(이 책이 쓰인 1973년을 전후한 시기)의 사건에 사용된 그들의 전략을 이해하는 데에도 도움이 된다. 지금까지 우리가 살펴본 바둑과 혁명 간의 유사점들은 중국 공산당이 제3세계에 대한 정치적 영향력 확장을 시도한 그들의 전후 혁명전략(Post-insurgent revolutionary patterns)을 이해하는 데 도움이 된다. 또한, 모택동과 그 추종자들은 혁명 당시의 전략과 혁명후 정치전략과의 연속성을 강조하고 있기 때문에 바둑은 앞으로의 중국 공산당의 국제적 움직임을 이해할 단서를 제공해 줄 수 있을 것이다.

그러나 서방측에 가지고 있는 중국 공산당 전략체계에 대한 지식이나 일반적인 중국의 상황을 볼 때 바둑전략이 계속적으로 중국 공산당 전략에 적용될 것이라고 쉽사리 단정 짓기는 어렵다. 모택동의 저서인『지구전』에서 바둑전략의 사용을 강조한 구절이 더러 있기는 하지만 그것만으로는 우리가 얻고자 하는 확신에 도달할 수 없다. 그러므로 바둑전략의 계속적 적용여부는 가정과 사실의 계속적인 검증을 통하여 판단되어야 한다.

중국공산당이 혁명전쟁 뿐 아니라 외교정책에서도 적용하고 있는 세 가지의 핵심적인 문제 해결 원칙에 대하여 알아보자. 첫 번째로 가장 중요한 것은 영토[집] 확보를 중시하는 원칙이다. 두 번째는 정치-군사적 작전에서 공간과 시간의 불연속성(정해진 전선 없이 적의 전·후방에서 공격 및 습격을 하고 정해진 시간 없이 신출귀몰하는 작전형태를 의미한다)을 강조하는 원칙이며 세 번째는 작전적인 면에 국한되는데, 차단, 포위 등의 바둑의 주요 전법을 운용한다는 원칙이다. 중국 공산당 전략의 주된 목표는 지리적이든 심리적이든 영토[집]를 확보하는 것이다. 과감한 공격작전이 중요한 것임에도 불구하고, 중국 공산당 전략가들은 승패를 판가름 짓는 것은 영토[집]를 얼마나 많이 확보하는가에 달려있다고 생각했다. 사실 전쟁이란 행위를 바둑의 관점에서 해석하는 것은 서양인에게는 이해하기 어려운 부분이다. 서양인의 관점에서는 중요하고 안전한 기지를 내어주더라도 적의 주전투력을 봉쇄하고 섬멸하는 것이 더 중요하다고 본다. 그러나 그들의 약점은 작전 초반에 영토 확보에 치중하는 것이 결과적으로 적을 잡아내는 것보다 유리하며 공격에 의한 손실도 반 이상 줄일 수 있는 전략이라는 점을 인정하지 못한다는 점이다. 혁명전쟁 초기에 모택동 전략의 목표는 당장은 필요 없더라도 장래에 필요할 수 있는 멀리 떨어진 지역의 땅을 최대한 많이 확보하는 것이었다.

첫번째 문제해결 원칙인 영토중시 개념은 모택동 전략이 적용될 수 있는 두 가지 차원에 반영된다. 첫 번째는 중공의 국제전략에서 파생되는 지정학(地政學)적 차원이고, 두 번째는 중국공산주의 영향을 받아 발생하는 타 국가 공산혁명에서의 정치-군사작전 차원이다.

　　지정학적인 차원에서 중국의 전략을 분석해보면 그들은 국제무대를 시간제한없이 자신들이 게임의 완급을 조절할 수 있는 조건하에 두는 바둑게임으로 바라보는 것 같다. 중국 공산당의 태도를 보건데 그들이 계획하고 있는 국제게임의 서막은 이미 시작된 것으로 보아야 한다. 세계라는 바둑판의 외곽에 몸을 숨기고 있는 중국은 초기단계에서 중앙을 향해 무리한 수를 두려하지 않고 있으며 다른 적국(敵國)들이 악수(惡手)를 거듭하여 중국에게 유리한 여건이 조성되기를 기다리고 있는 듯 한 모습이다. 동시에 그들은 세계 바둑판의 귀와 변을 장악해가는 그들의 은밀한 시도를 결코 외부로 드러내지 않는다. 그들은 이미 심리적, 지리적 영토확보에 잠재적으로 기여할 만한 곳에 외교적인 돌을 놓아둔 상황이며, 그러한 돌에 몇 수를 더 하여 세력을 강화하거나 「가나」, 「파키스탄」, 「인도네시아」처럼 죽은 돌이라 생각되는 지역은 과감하게 버리기도 한다. 더욱이 그들은 차후 자신들의 적을 포위하는데 기여할 수 있는 잠재적인 지역에 대한 관심을 높이고 있다. 만약 중국의 이와 같은 국제사회에서의 태도가 단지 실험적이고 오래 지속되지 않을 것이라고 판단하는 국가나 사람이 있다면, 그들은 바둑의 격언중의 하나인 "시간은 많고 바둑판은 넓다"라는 구절을 상기할 필요가 있다.

　　중국 공산주의의 지정학적 전략은 제3세계의 국지전과 관련하여 생각할 때 가장 적절하게 평가될 수 있을 것이다. 그들의 주 표적은 제3세계의 개발도상국과 그 민중들이다. 특히 개발도상국의 민중은 혁명의 초

중반에 해당국가의 사회, 경제적 주변세력(바둑에서 귀와 변에 해당되는 세력)을 장악하는 것이 가장 효율적인 혁명수행방법이라는 중국 공산당의 원칙을 충족시켜 주는 목표물인 것이다. 이와 같은 중국 전략에 대한 평가의 타당성은 서양의 강대국들이 세계라는 바둑판의 중앙 장악을 위해 노력하는 현상을 통해 더 힘을 얻는 것 같다. 개발도상국에서 시도되고 있는 중국의 영토확보(territorization) 정책의 철학적 근원은 "귀를 얻고 중앙으로 나아가라"는 바둑의 격언으로 요약될 수 있다.

내전의 상황에서도 마찬가지이다. 전략적 목표는 영토와 인민의 지원을 최대한으로 확보하는 것이다. 중국 공산당의 경험에서 알 수 있듯이, 농촌지역에 대한 군사적인 통제권과 광범위한 지방민들로부터의 정치적 협력의 확보는 통제권의 지속을 위해서 반드시 확보해야 하는 요소이다. 얻어진 인민의 지원 또는 지리적 영토를 기반으로 적의 대게릴라 작전에 효과적으로 대응하고 새로운 반격을 개시할 수 있는 것이다. 가까운 장래에 이러한 중국의 혁명이론이 세계의 다른 국가에서 실행되어질 가능성은 적지만, 다른 국가에 군사적 조언을 하거나 군사 고문단을 파견하는 등 그들의 혁명 전략을 수출할 수 있는 기회는 여전히 남아있다.

지정학적 또는 군사적 수단을 이용하여 영역을 최대한으로 확보하고자 하는 모택동 전략은 바둑의 특징인 융통성에 그 기본을 두고 있다. 이러한 융통성을 배경으로 중국 공산당은 세계를 무대로 한 게임이 최초 판단과 달리 충분한 이익을 낼 가망이 없는 경우 더 이상의 작전 진행의 필요성을 느끼지 않을 것이다. 그들은 이익이 없는 전투는 과감히 포기하고, 다른 곳에서 게임을 시작하는 데 자유롭다. 만약 상대방이 바둑판의 어느 한 지역에서 전략적 영토를 얻기 위해 전력을 집중한다면 중국 공산당은 그 지역을 내주는 피해를 감수하고 나머지 지역의 판세를 장악하려 할 것이다. 이러한 전략은 그들이 포기한 지역이 질적으로 중요한 경우라면 작전의 효율성 면에서 손실이 되는 것처럼 보일 수 있다. 그러나 당장 중요한 지역이라고 판단되는 곳이 후반에는 별 가치 없는 지역으로 변할 수도 있고, 그 반대의 경우도 있다. 또한 전략적 융통성을 이용하여 의도적으로 상대방이 장악한 지역의 전략적 가치를 저하 시킬 수도 있다. 그들에게 중요한 것은 대국이 종결된 이후에 자신의 돌과 집의 수인 것이다.

　중국 공산당의 전략은 혁명간 군사작전에서도 융통성을 강조한다. 사실 융통성은 합리적인 군사체계에서 항시 강조되는 요소 중의 하나이다. 1차 세계대전 당시 연합군 사령관이었던 마살 포크(Marshal Foch)는 전투력의 절약과 작전의 융통성이 전쟁수행의 가장 중요한 두 가지 원리라고 강조했다. 서양의 전쟁사를 보면 융통성은 적용되어지는 전략의 형태에 따라 다양한 의미를 갖는다. 이것은 아메리카 인디언이 백인들과 전투시에 사용한 전술적 융통성과 1940년 독일이 프랑스 전역에서 실행한 전격전(電撃戰)에 담긴 융통성은 다른 것이라는 의미이다. 중국 공산주의자들은 영토의 극대화와 직접적으로 연관된 경우가 아니면 특정한 전략적 거점을 확보하는 것을 고집하지 않는 등 전략적으로 유연한 태도를 견지했다. 다시 말해서 전략적 거점은 바둑판에 널리 흩어져 있는 돌들과 상호 연결되었을 때 비로소 가치를 갖는 것이다. 바둑에서와 같이 혁명전쟁에서 모든 지역은 영토 확장에 얼마나 기여하는지 그 가치가 평가되기 전까지는 동등한 가치를 지니고 있는 것으로 판단한다.

중국 공산당 전략의 근간을 이루는 두 번째 원칙 또한 앞서 언급한 영토(집)라는 개념과 관련이 있다. 이것은 퍼즐 양상, 다시 말해서 비연속적으로 전후방이 혼재된 작전에 관련된 원칙이며 다른 말로 표현하면 전투력을 최대한으로 분산시키는 원칙이라고 할 수 있다. 군사적 승리는 결정적인 지점에 가용한 자원을 집중시킬 때 가능하다는 것은 동서양을 막론하고 대부분의 전략가들의 공통된 주장이다. 클라우제비츠나 조미니에 의해 더욱 발전된 이 개념은 문화와 활동시기가 전혀 다른 손자와 리델하트(Liddell Hart) 사상의 가장 근본적인 내용이기도 하다. 손자병법에는 「나의 부대로 적을 칠 때는 맷돌로 계란 갈듯이 하라」고 집중을 강조했고 영국의 전략연구가인 리델하트는 전쟁의 모든 원칙은 단 한 단어 "집중"으로 요약될 수 있다고 하였다.

　　이와 대조적으로 중국 공산당 혁명전략은 하나의 지점이나 목표에 병력을 집중함으로 전략적 목표를 달성될 수 있다고 주장하지 않는다. 대신에 분산된 전력을 효과적으로 운용함으로서 결정적인 전략적 우세를 획득할 수 있다고 주장한다. 물론 혁명전략은 전술적으로 중요한 지점에 다양한 수준의 전술역량을 집중시키는 것을 중시 여긴다. 게다가 전술적 승리가 전략적 성공으로 발전하는 경우도 종종 있었다. 중국 공산주의자들은 중요한 전략적 거점을 전 작전지역에 분산시켜놓는 전략을 통하여 적의 노력을 분산시키고 결정적인 지점에서 전술적 승리를 거둘 수 있었던 것이다.

　　바둑에서 분산의 원칙은 「집」 확보를 중시하는 개념에서 나온 것이다. 양측 모두 자신들의 「집」을 최대한 확보하고 상대방의 「집」을 줄여야 하므로 끊임없이 상대방의 영향권내로 침투를 시도하고 기회가 생기기만하면 상대방의 돌을 압박하려는 것이다. 미숙한 전략가들의 관점에는 초반에 분산되고 협력이 제대로 되지 않은 돌들이 전략적으로 취약한 지역에만 착수되는 것처럼 보인다. 그러나 대국이 진행되면서 이러한 분산된 전투력은 상호 협조하며 공통 목표를 향해 발전하며, 강력한 영역 [집]을 형성하게 된다. 이런 연결고리를 모르는 서양인이 중국을 국제사회라는 게임판에서 소극적인 행보만을 계속하는 국가로 바라본다면 이는 중국 공산당전략의 실패가 아니라 서양인의 무지를 스스로 드러내는 오류가 될지도 모를 일이다.

지정학적인 면에서 중국은 바둑의 분산전법을 응용하여 국제정치 게임에 참여하려 할 것이다. 집중하는 것이 전략적 성공을 위한 필수조건이 아님을 잘 알고 있는 그들은 어느 특정한 안건에 깊숙이 관여하는 것을 피하려 할 것이다. 바둑에 입장에서 볼 때 특정 지역에 모여 있는 3개의 돌이 가지는 영향력이 1개의 돌이 가지는 영향력보다 반드시 크다는 보장은 없기 때문이다. 그들의 분산전략은 미국처럼 큰 나라들로 하여금 중국이 타국에 대해 아주 미약한 군사적, 경제적 원조를 시도하는 것으로 판단하게 유도할 것이다. 그러나 전략적 분산이 가지는 특성 때문에 중국의 영향력은 향후 막대해질 것이다. 앞에서 언급한 것처럼 전투력 자체보다는 그 전투력의 배치 및 운용이 더욱 중요한 것이다.

국제사회에 외교 그리고 정치적인 돌들을 분산 배치함에 있어서 중국은 바둑의 지구전 특성을 응용하고 있다고 볼 수 있다. 그들은 신중하게 분산되어 놓인 돌들이 단순하고 직접적인 방법이 아닌 교묘하고 간접적인 방법으로 적절한 때에 세력을 확대하고 서로 연결될 것이라 믿고 있다. 바둑에서처럼 일부 돌들은 상대방에게 잡히겠지만 그러한 희생으로 다른 돌들이 생존하여 제몫을 하게 만드는 것이 중국 공산당의 전략이다. 또한, 중국 공산당은 돌들이 가장 큰 영역 즉, 중국 본토와 가까운 위치에 놓여야 한다고 생각하지 않는다. 그들은 거리가 가까워야 영향력이 커진다고 판단하지 않는다. 분쟁이 본격적으로 표면화되지 않고 있는 지역은 중국 공산당의 목적을 달성시킬 수 있는 최적의 장소이다. 동시에 공산당은 상대방이 직접적으로 국경을 넘어오는 적대행위를 하지 않는 한 국경 또는 근처에서의 적대 행위에 의해 그리 큰 영향을 받지 않을 것이다.

이러한 개념은 내전상황에도 적용될 수 있다. 정치적 차원에서 모택동 전략은 내부로부터의 파괴, 즉 반공산주의 세력의 군사, 정치, 경제, 문화 조직에 침투하여 상대방을 와해시키는 작전을 강조한다. 이 작전의 목적은 단순히 방어를 위한 것이 아니라, 적의 계획을 사전에 탐지하여 반격을 구상하고 사상의 분열과 사기의 저하를 도모하는 것 등인데 이는 다분히 공격적인 성격을 띠고 있다고 하겠다. 그들의 목표는 적의 안전을 보장해줄 인적 바둑판의 어떤 부분도 통제하지 못하게 만들고, 다방면에서 압박을 가하는 것이며, 그래도 적이 계속 버티는 경우 현상을 유지하는데 막대한 노력을 쏟도록 강요하여 궁극적으로 힘을 고갈시키는 것이다.

지리적인 차원에서 그들은 초반에 "대중을 선동하고 군사적인 거점을 확보하기 위해" 소규모 혁명세력을 전국에 분산 배치하는 계획적인 불연속적인 전략(전선이 일정하지 않고 혼재된 전략)을 구사할 것이다. 그들은 50명 단위의 1,000개 부대가 1,000명 단위의 50개 부대보다 더 가치가 있다고 생각한다. 바둑의 원리에 근거한 전투력의 분할과 분산의 개념은 손자병법에도 나타나있다.

내가 싸우려고 하는 장소를 적이 알지 못하도록 해야 한다. 적이 내가 공격하고자 하는 곳을 모를 때 그는 수많은 장소에서의 전투를 준비해야 한다. 그리고 적이 많은 장소에서의 전투를 준비하게 될 수록 내가 선택한 곳에서 싸우게 될 적의 수는 적어진다.

이러한 병력의 불연속성에 있어 가장 큰 문제는 적의 대게릴라 작전에 효과적으로 대응할 수 있느냐의 여부다. 바둑에서 포위를 목적으로 한 의도적인 분산은 필요한 전략이나 적의 분산을 봉쇄하기 위해 돌을 분산시키는 것은 악수(惡手)로 여겨진다. 반혁명군이 자신의 책임이 주어진 지역의 통치권을 유지하는 것이라고 생각하는 한, 방어부대를 분산시키는 것을 피할 수는 없다. 이러한 문제에 대해 한 프랑스 장군은 아래와 같이 말하고 있다.

"지리적인 관점에서 우리는 방어 또는 공격지역을 선정해야한다. 그 지역은 아군에게 절대적으로 필요한 지역을 방어할 수 있어야 함과 동시에 적의 취약한 지점을 위협할 수 있어야하며 가능하다면 작전수행이 용이한 지역이어야 한다. 우리는 차후작전을 위한 발판을 제공해 줄 수 있는 지역을 선정해야한다. 반면에 우리는 적이 최소한의 노력을 통해 아군의 전투력을 지속적으로 소진시킬 수 있는 지역(예 : 동남아시아 지역)

으로 끌려 들어가서는 안 된다."[2]

마지막으로 세계라는 바둑판에서 중국 공산당의 전략을 지배하는 세 번째 원칙을 살펴보자. 앞서 언급한 두 가지 원칙인 "영토확보", "비연속적인 작전수행"에 이어서 그들은 적의 주력을 분쇄하는 방법으로 3단계 전략을 구상하고 있다. 고립 및 분리, 포위 그리고 섬멸이 그것이다.

고립 및 분리단계는 중립 혹은 친중국 세력을 이용하여 반중국 지역에 대한 물리적인 분리뿐 아니라 국제사회에서 적 또는 적의 동맹국을 심리적으로 고립시키는 것을 의미한다. 이에 사용되는 전술은 중국의 기존 전술과는 상반된 것일 수도 있다. 예를 들면, 인종주의라는 개념을 고립을 위한 전술로 이용할 수 있다. 종교적인 파벌주의를 조장하는 것도 한 가지 방법이 될 수 있을 것이다. 반중국 정치군사 연합체를 각종 교란 수단을 이용해 이간시키려는 방법을 사용할 것이다. 또한, 군사, 정치, 외교, 경제, 문화 등 여러 가지 압박 수단을 이용하여 지리적으로 중립적이거나 적에 동조하는 지역을 포위하는 전술을 사용할 수도 있다. 어떤 전술을 이용하던지, 중국 공산당은 다양한 지역에서 공산당 세력의 전략적 분산과 다양한 수준의 분쟁수단을 이용하여 적의 분열을 효과적으로 그리고 광범위하게 조장할 것이다.

두 번째 포위단계는 고립과 분리가 선행된 이후 달성되기도 하고 그

---

2) Griffith, *The Art of War*, p. 98.

와 관계없이 또는 동시에 발전하는 등 매우 다양한 형태로 전개된다. 중국 공산당은 이론적으로나 실제적으로 포위는 순서와 상관없이 어떤 상황 어떤 시기라도 시도될 수 있으며 그 양상도 다양하다고 주장한다. 포위는 외교적 고립, 지배체제에 대한 반대, 국경지역에 대한 군사적 위협, 인종간 갈등, 한 국가에 대한 다자간 적대적 연합결성, 경제제재 등 여러 가지 형태로 나타난다. 최종상태는 분할된 정치적, 사회적 조직을 포위함으로 전혀 기능을 발휘하지 못하도록 하는 것이다.

마지막 단계인 섬멸단계는 모택동에 의해 다음과 같이 회화적으로 설명되고 있다.

팟쇼주의 원숭이들은 전세계에 펼쳐진 우리의 그물에 걸려 빠져나가지 못할 것이며, 우리들의 적은 파멸할 것이다.[3]

중국 공산주의자들은 적이 파멸을 향해 다가가게 될 것이라고 확신한다. 그들은 적들이 공산주의 전략에 숨겨진 의미를 모르고 설사 안다하더라도 그에 대응하기 위해 필수적인 심리적, 전략적 유연성이 없기 때문에 그들 스스로 자신을 포위하게 되는 자승자박(自繩自縛)의 상황으로 치달아 마침내 전멸될 것이라고 생각한다. 이 책을 쓴 목적은 중국공산주의 전략의 숨겨진 의미를 살펴보려는 것이지 그러한 전략에 대한 서양측의 심리적 한계성을 분석하려는 것은 아니다. 그러나 서양의 전략적 사

---

3) Mao Tse-tung, *On the Protracted War* (Peking: Foreign Languages Press, 1960). p. 60.

고방식과 차이가 있는 바둑으로부터 유래한 중국의 포위섬멸전략의 두 가지 특징을 언급하는 것도 논점에서 크게 벗어나는 일은 아닐 듯하다. 포위섬멸전략의 첫 번째 특징은 내부성(Interiority)이다. 바둑에서 상대방의 돌을 포위하는데 있어서 내부(Inside)와 외부(Outside)의 개념을 명확히 설명한 구델(Goodell)의 말을 들어보자.

"가장 쉬운 설명은 고대전쟁의 예를 살펴보는 것이다. 가령 한 부대가 성벽으로 둘러싸인 도시를 방어하고 있는 상황을 생각해보자. 적은 그 도시의 외곽을 포위하고 있지만 그들은 성을 점령할 때까지 성안의 부대를 궤멸시킬 수가 없다. 이런 경우 포위된 도시로 은밀히 침투하여 내·외부에서 동시에 공격함으로써 그 성을 점령하고 있던 부대를 격파한 많은 사례를 전사(戰史) 속에서 찾아볼 수 있다."[4]

이것은 중국 공산당의 '내부로부터의 포위'라는 전략을 잘 설명해주고 있다. 구체적인 예는 1960년대 초반 중국이 파키스탄과 관계를 개선하는 과정에서 SEATO[5]라는 미국주도의 군사동맹기구의 내부로의 침투를 시도한 것을 들 수 있다. 이 과정에서 실시된 내부 스파이를 통한 침

---

4) Bernard B. Fall, *Street Without Joy* (Harrisburg, Pennsylvania: The Stackpole Company, 1963).

5) 동남아시아조약기구 [South-East Asia Treaty Organization]: 동남아시아의 지역적 집단안전보장을 목적으로 1954년 결성되어 1977년까지 존속하였다. 국제연합헌장 제52조의 지역적 집단안전보장 규정을 근거로 하는 것이지만 실질적으로는 미국 주도하에 있던 반공산주의 군사 블록이다. 1960년대 격화된 인도-파키스탄 전쟁시 미국이 인도를 지원하기 시작하자 파키스탄은 미국의 봉쇄대상이었던 중국과 밀착해갔다. 베트남 전쟁의 과정에서 파키스탄은 1972년 SAETO를 완전히 탈퇴하였다. (역자 주)

투 및 파괴, 게릴라전 그리고 지역 내에서의 지속적인 교란행위 등은 '내부로부터의 포위' 전략을 보여준 것이라 할 수 있다. 내부로부터의 포위는 중국 공산당 혁명전략 중 가장 교활하면서도 정교함을 요하는 전략중의 하나인 것이다.

두 번째 특징은 간접성(indirection)이다. 이 특징은 이미 정규 군사작전의 범주에서 언급되었고 포위의 발전단계에서도 설명되었다. 다시 말해서 포위는 한 거점에 기반을 두고 상대방을 단순히 에워싸는 행위가 아니며, 여러 곳에 분산되어 있는 거점과 전략부대를 긴밀하게 연결하는 과정이 수반된다. 중국 공산당이 수행하는 포위는 외부작전보다 적 내부에서의 작전을 중시하고 또 그러한 의도를 마지막 단계에 이르기 전까지 상대방이 포착하기 힘들다는 점에서 간접적 포위라고 할 수 있다. 포위 자체가 간접적인 접근방법인데 「간접적인 포위」라는 용어를 쓰는 것은 같은 의미를 반복하는 것으로 여겨질 수도 있다. 하지만 월남전에서 처참한 실패로 귀결된 월남군의 포위작전과 그와 대조적으로 눈부신 승리를 거두었던 월맹군의 포위방법간의 근본적인 차이가 "보다 더 간접적인 방법"에 기인한다는 점을 인식 할 필요가 있다.

내부성과 간접접근은 현대 전략사상에서 많이 등장하고 있는 개념이다. 이 두 가지 개념은 서양의 직접적인 전략과는 반대의 개념으로 동양 사상의 통찰력을 보여주고 있다. 그러나 어느 한 가지 특정한 사상이나 방법이 무조건적으로 유리한 것은 아니다. 전체적인 체계 속에 포함된 한 가지 전략요소로서 빛을 발하는 것이다. 바둑에 근거한 해석은 중국 공산주의 전략에서 포위의 중요성을 깨닫게 해주는 반면 두 전략체계 간에 상반된 개념이 존재한다는 사실도 알게 해준다.

중국의 전략가인 손자는 포위된 적에게 도망갈 수 있는 길을 남겨두
어야 하고, 그렇지 않은 경우 적의 필사적인 저항에 의해 불필요한 소모
전에 빠질 수 있다고 말한다. 이러한 가정 속에서 손자는 「미완성의 승
리(Incomplete Victory)」라는 바둑의 중요한 원칙을 강조했다. 그러나
1960년대에 나타난 현상들을 보면 중국 공산당은 국내, 국외 심지어는
더 작은 단위의 어떤 형태의 전쟁에서도 「미완성의 승리」라는 개념을 받
아들이지 않고 있다. 우리는 여기서 중국이 추구하는 전략의 마지막 단
계인 「섬멸단계」가 바둑의 원리와 상반된 입장을 지니고 있음을 알 수
있다.

물론 바둑에서 고수가 하수와 대국할 때 「평화적인 공존」이 성립될
가능성은 거의 없다. 그러나 바둑에서는 매우 특수한 경우가 아니면 아
무리 하수라도 일부는 살아남기 마련이다. 즉 한편이 다른 편의 모든 돌
을 따낼 수는 없는 것이다. 그러나 모택동의 전략은 그러한 공존을 거부
하고 완전한 승리(적을 완전히 섬멸하는 것)를 강조한다. 이점은 모택동
전략이 합리적이고 연역적인 바둑의 사고방식과 상반(相反)되는 부분이
라고 할 수 있다.

우리는 이러한 모택동 전략과 바둑간의 차이점이 주는 세부적인 정치
적 함의를 다루지는 않았다. 그러나 우리의 평가가 부분적으로나마 타당
하다면 모택동 전략을 응용하는 적과 대결하는 정치 · 군사적 세력은 이
러한 적의 모순을 이용하여 유리한 결과를 유도할 수 있을 것이다. 특히

군사행동 면에서 우리는 기존의 서양군사전략에서 인정되어온 전투수행 방법과 매우 상이한 대응책을 마련할 수 있다. 1953년 인도차이나 반도에서 있었던 디엔비엔푸 전투는 이러한 대응책에 대한 가능성을 보여준다.

2만명에 달하는 프랑스군 사상자와 포로가 발생했던 「디엔비엔푸 전투」[6]는 공산 및 비공산주의자를 막론하고 정규전에서 서양군대가 아시아 국가에게 가장 크게 패한 전투로 기억되고 있다. 그러나 중국 공산당 전략을 분석해 볼 때, 당시 디엔비엔푸에서 수립되었던 프랑스군의 전략은 전술과 군수분야의 실수가 없었더라면 성공할 수 있는 전략이었다.

이러한 주장은 두 가지 공산당 전략원칙에 근거한다. 하나는 공산군 지도부가 「완전한 승리」달성을 위한 강한의지를 지니고 있다는 것이고 점이며 둘째는 모택동 전략에서 포위의 달성과 섬멸전은 긴밀히 연관되어 있다는 점이다. 두 번째 원칙에 따르면 모택동 이론에서는 일단 포위가 달성된다는 것은 곧 섬멸작전으로 이어지는 전략적 여건이 조성된 것으로 가정한다. 그러나 포위는 이론적으로 창의적인 전략기법이며 더 이

---

6) 북(北)라오스와 베트남 북서부의 월맹군 세력을 소탕하기 위하여 인도차이나에 진주한 프랑스군 총사령관 나발과 미국 군사고문단은 1953년 11월 프랑스 낙하산부대를 디엔비엔푸에 투하한 뒤 폭 13km에 달하는 요새를 구축하고 정예부대 6,000여 명을 주둔시켰다. 호찌민[胡志明]이 지휘하는 월맹군은 이를 둘러싸고 1953년 겨울부터 이듬해 4월까지 3회에 걸쳐 총공세를 취하며 포위망을 좁혀 들어갔다. 포위된 프랑스군은 공수보급 작전에 실패하여, 탄약과 보급품이 떨어지는 고전 끝에 1954년 5월 7일 마침내 항복하였다. 이 전투에서 프랑스군은 약 1만 명이 항복하고, 약 5,000명이 전사하였다. 이 패배는 프랑스의 인도차이나 지배에 종결을 가져오는 결과를 가져왔다.

상의 포위가 제한되거나 통제력이 떨어지게 되면 결국 정면공격 형태로 발전하게 된다. 두 번째 원칙과 관련된 이러한 추론은 국공내전과 한국 전 및 인도차이나 전사에 잘 나타나 있다.(중국군에 의한 포위작전이 방어부대 입장에서는 인해전술로 보이는 것이 좋은 예이다.)

이러한 다소 추상적인 이론을 구체화하기 위해서 우리는 디엔비엔푸 전투에서 프랑스군의 방어거점들이 공산군의 포위작전을 유인할 수 있도록 배치되어 있었다는 점에 주목할 필요가 있다. 앞에서 언급한 첫 번째 원칙에 의해 공산군은 전장에서의 완전한 승리를 목표로 했으며, 두 번째 원칙에 의해 그들은 포위작전으로 프랑스군 부대들을 고립시킨 후 후속공격을 통해 각 부대의 방어선을 무너뜨림으로서 승리를 달성하려는 의도를 가지고 있었다. 반면 프랑스군의 입장에서 보면 그러한 공산군의 포위작전은 프랑스 방어거점 주변에 병력의 밀집을 가져오게 되고 그것은 프랑스군의 우세한 화력자산(포병, 기갑, 항공전력)의 좋은 표적이 되는 것이었다.

이 전투의 결과를 분석하는 것은 가치 있는 일이다. 프랑스 군의 기대와 달리 디엔비엔푸의 방어거점들은 적에 의해 완전히 유린되고 말았다. 통상적인 방어작전보다 3~3.5배에 이르는 피해를 입었음에도 불구하고 그 후 공산군의 군사이론에 대해 배우고자하는 어떠한 노력도 없었다. 프랑스군 패배의 주된 원인은 패배한 이후 수년간 논란이 되었던 군수분야에서의 터무니없는 실수(부적절한 임시활주로의 위치, 무분별한 군수부대 운용, 수송헬기의 부족, 항공지원의 부족 등) 때문이었다.

그렇다면 이 전투를 통해 배울 수 있는 교훈은 무엇인가? 작전을 수행할 자산과 기술력이 충분하고 모택동의 바둑전략이 현실에 불완전하게 적용되는 경우(앞에서처럼 바둑의 원칙과 다르게 완전한 승리를 과도히 노리는 경우: 역자 주)라면 프랑스군이 디엔비엔푸에서 적용했던 전략개념 (공산군으로 하여금 포위작전을 유도하여 병력을 집결시키게 한 전략: 역자 주)은 미래전장에서 타당한 지침이 될 수 있을 것이다. 이러한 전략에 적합한 지휘체계, 조직, 전술이 준비되면 인도차이나 전쟁에서 프랑스군이 입은 것처럼 궤멸적인 피해는 결코 없을 것이며 방자로서 납득할 만한 손실정도로 피해규모는 감소할 것이다. 이처럼 바둑전략에 근거한 공세전략의 한계점이 드러난 상황이라면 방어하는 자는 위에 언급한 전략을 적용하여 디엔비엔푸에서 프랑스군이 입은 것처럼 막대한 피해를 공자에게 유발시킬 수 있을 것이다.

중국 공산당의 바둑전략은 완전한 승리 달성을 과도히 강조하는 점에서 그 한계성을 드러내고 있다. 모든 전략체계는 그것이 폐쇄적이고 고정되어 있을수록 상대방에게 그러한 융통성의 부족을 이용할 수 있는 더 많은 기회를 주게 되는 것이다. 바둑을 공부하는 것은 그러한 역이용을 가능하게 하는 열쇠인 것이다.

중국 공산당 전략은 거의 2,000년이 넘는 중국 전략사상을 집대성한 것이다. 그와 동일한 역사적 뿌리를 지니고 있는 바둑이 아직까지 완전하게 이해되지 않는 모택동 사상을 해석하는데 도움이 될 수 있다는 것은 의심의 여지가 없어 보인다. 그러나 이러한 해석의 정도는 바둑과 모택동 전략과의 유사성을 유추하기 위해 동원된 상상력에 크게 의존하고 있다. 바둑은 분명 전쟁과 정치를 연구하는 과학적인 분석방법도 아니고 그렇게 될 수도 없다. 그럼에도 이 책에서 다루어진 바둑과 모택동 전략 간의 일반적인 공통점을 기반으로 보다 정교하고 섬세한 비교를 시도한 다면 더 세밀하고 신뢰성 있는 두 전략 간의 공통점을 발견할 수 있을 것 이다. 바둑의 전략구조에 대해 보다 더 심도 깊고 유연한 해석을 통해 국 제무대에서 향후 중국이 선택할 목표와 전략에 대해 예측하고 정의할 수 있을 것이다. 중국 공산혁명 전략이든 클라우제비츠의 전략이든 전략 을 연구하는 모든 학파는 공히 두 가지 주제를 다룬다. 하나는 모든 영역 에서 적용될 수 있는 전략원칙을 찾는 것이고, 다른 하나는 그 전략체계 가 지니고 있는 독특한 특징을 구별해주고 그 전략의 창시자가 언급한 경험적, 주관적 결론을 해석해 줄 수 있는 원칙을 제시하는 것이다. 바둑 모델의 기능은 중국 공산전략체계의 구조와 예외적인 사항들을 분석할 수 있는 체계적인 방법론을 제공해주는 것이다.

이러한 기능이 중요한 이유는 중국의 유명한 철학자중 한명인 풍우란 (馮友蘭, Fung Yu-lan)이 설명한 내용에 담겨있다.

바둑과 장기는 각기 나름대로의 규칙이 있다. 바둑을 두는 사람은 바둑 의 규칙을 따라하고 장기도 마찬가지이다. 어느 게임을 두느냐 선택하는 것이 중요한 것은 아니다. 바둑을 두기 위해서 돌과 바둑판을 준비하고, 장 기를 두기 위해서 말과 장기판을 준비하는 것이 중요한 것이다.

중국의 공화제 체제 초기에 중국사회의 문제들을 간파하는데 실패한 중국 지식인들의 실수에 대해서 그는 다음과 같이 쓰고 있다.

바둑 외에는 다른 게임을 할 줄 모르는 사람이 장기를 두게 되었다. 장기를 시작하자마자 그는 이렇게 말했다. "첫수를 그렇게 시작하면 어떻해? 넌 틀렸어" 또한 상대가 말을 움직이는 것을 보고 "이미 놓은 돌을 또 어떻게 움직여? 넌 규칙 위반이야!"라고 비난하였다. 바둑만의 세계에 갇혀 있는 사람들은 장기를 보고 이런 식으로 비판할 것이다. 그것은 아마도 세상에서 가장 우스꽝스러운 장면일 것이다.[7]

중화인민공화국 또는 모택동 전략을 연구하는 서양의 정치가, 군인, 학자들이 당면하고 있는 문제는 위의 예와는 반대로 바둑을 처음 접한 장기기사가 겪는 문제와 같다. 중국에 대한 서양인들의 반응은 풍우란(馮友蘭)이 언급한 것처럼 의심, 혼란, 비난으로 나타날 것이다. 손자는 지피지기면 백전불태(知彼知己 百戰不殆)라고 말하였다. 완전하지 않지만 바둑이라는 지구전 게임을 이해함으로서 향후 중국과 서양간의 전략적 갈등에 대처하고 협력을 추구하는데 있어서 중요한 해결책을 발견할 수 있을 것이다.

---

7) Fung Yu-lan, *Hsin Shih Lun* (Changsha: Commercial Press, 1940), pp. 67-69.